MARGARETHA KOPEINIG **Hans Peter Doskozil**

MARGARETHA KOPEINIG

Hans Peter Doskozil
Sicherheit neu denken

Bildnachweis:
S. I–II, VI oben: privat; S. III: AFA Photo/Joe Klamar;
S. IV: APA/Roland Schlager, APA/Robert Jaeger;
S. V: photonews.at/Georges Schneider, APA/Herbert P. Oczeret;
S. VI unten: Land Burgenland; S. VII–XVI: HBF/Pusch, außer
S. XII unten, S. XIV unten: HBF/Carina Karlovits, S. XV: BMI

www.kremayr-scheriau.at

ISBN 978-3-218-01098-6
Copyright © 2017 by Verlag Kremayr & Scheriau GmbH & Co. KG, Wien
Alle Rechte vorbehalten
Schutzumschlaggestaltung: Sophie Gudenus, Wien
unter Verwendung eines Fotos von Manfred Weis
Typografische Gestaltung und Satz: Michael Karner, Gloggnitz
Druck und Bindung: Christian Theiss GmbH, St. Stefan im Lavanttal

Inhaltsverzeichnis

	Einleitung	7
I.	Familie im Südburgenland	15
II.	Beruf Polizist	25
III.	Manager der Flüchtlingskrise 2015	41
IV.	Verteidigungsminister mit Visionen	57
V.	Migration	99
VI.	Umfassende Sicherheit	127
VII.	Alltag und Freundschaften neben der Politik	135
VIII.	Arbeitsstil und Führungsqualitäten	139
IX.	Interviews mit Bernhard Heinzlmaier und Peter Pilz	145
	Curriculum Vitae	161
	Danksagung	163

Einleitung

> »*Ich mache alles mit vollem Einsatz.*«
> Hans Peter Doskozil, 11. April 2017

Es ist Sommer 2017, ein Samstagnachmittag: Hans Peter Doskozil sitzt leger gekleidet, in Jeans und weißem Hemd, an seinem Schreibtisch, kein besonderes Design, alles ist funktional und praktisch. Vor ihm liegt die Dokumentenmappe. Er unterschreibt Briefe und Anweisungen. »Ich benütze fast nie diesen Tisch, den Computer habe ich abgebaut. Am Handy kann ich alles abrufen, das Smartphone genügt.« Das ist typisch für ihn, denn er arbeitet lieber vor Ort, dort, wo sich das Leben abspielt. »Zu meinem Job gehört: reden, sehen was los ist, zuhören, verstehen«, sagt er, und erhebt sich. Damit signalisiert er gleich zu Beginn unseres Gespräches, worauf es ihm ankommt: den direkten Draht zu den Menschen zu haben, zu wissen, was sie denken, was sie wollen und was sie brauchen. Das betrifft nicht nur die Soldaten, die Truppe, die Generäle, das betrifft alle, jede Bürgerin und jeden Bürger, bis hin zu seinen engsten Mitarbeitern. Der persönliche Kontakt ist ihm wichtig. Dafür braucht er keinen Computer und keinen großen Schreibtisch.

Neue Ideen, Antworten, Anregungen und praktikable Lösungen für Probleme holt er sich zum einen an der Basis, aber nicht nur. Ein intensives Aktenstudium gehört zu seinem täglichen Arbeitsprogramm, Hintergrundberichte liest er frühmorgens, und dazu gibt es den ständigen Austausch mit Experten, den Spitzenleuten in seinem Haus: Der Generalstabschef, die Sektionsleiter, der Direktor für Sicherheitspolitik und der Militärvertreter in Brüssel sind jene Beamte des Ressorts, mit denen er sich regelmäßig austauscht. Mit seinen politischen Beratern, Stefan Hirsch und Raphael Sternfeld, bespricht er politische Strategien.

Hans Peter Doskozil mag den Widerspruch, nicht den Zuspruch. »Der Minister hört sich unsere Argumente an. Der Chef (so wird er von seinen Mitarbeitern genannt) wägt ab und trifft dann seine Entscheidungen«, sagt Kommunikationschef Hirsch. »Nach Abwägen aller Optionen sehr oft blitzschnell«, sagen andere, »so wie er es als Polizist gewohnt war«.

Selbst definiert er seinen ministeriellen Alltag, sein Engagement für die Sozialdemokratie und seinen Arbeitsstil als »die Verantwortung gegenüber den Menschen, ihre Sorgen und Ängste ernst zu nehmen und etwas zum Besseren zu verändern«. Privatem gibt er kaum einen Raum. Er stellt seine eigene Person nicht in den Mittelpunkt und neigt überhaupt nicht zu Eitelkeit. Selbst in aufregenden und hektischen Situationen bewahrt er innere Gelassenheit und Ruhe. Der Wille zur Pflichterfüllung und Selbstdisziplin treiben ihn an, sowie die Überzeugung, Sicherheit als »umfassendes Bürgerrecht« durchzusetzen. Das ist sein politisches Ziel, das er sowohl in seinem Beruf als Polizist als auch als Verteidigungsminister und natürlich als Sozialdemokrat verfolgt, sagt Doskozil. Ihm ist lieber, wenn er als »Politiker der Mitte«, wie er sich selbst sieht, das Richtige tut, als nur über das Richtige zu philosophieren.

Inspiriert hat ihn in seinem Politikverständnis ein großer deutscher Sozialdemokrat: Helmut Schmidt. Er bezeichnet den ehemaligen Bundeskanzler, der auch Verteidigungsminister war, als Vorbild. »Zwei Dinge, die Helmut Schmidt gesagt hat, gefallen mir sehr gut: Der Politiker soll nie vergessen, dass er dient. Und zweitens: Es ist wichtig, dass er gebildet ist und über den Tellerrand hinausschaut.«

Das schon lange in der österreichischen Gesellschaft wachsende Gefühl zunehmender Ungleichheit, Ungerechtigkeit und Unsicherheit fordert Hans Peter Doskozil besonders heraus. Seine Stirn legt sich in Falten, wenn er die Probleme aufzählt, die den Menschen unter die Haut gehen: Massenmigration, Asyl, die Integration von vielen Tausenden Flüchtlingen, die 2015 und 2016 nach Österreich gekommen sind, der Kampf gegen den Terror, Cyber-Angriffe, Rechtsradikalismus, Antisemitismus, autoritäre Regime und noch dazu eine EU, die vielen als zu schwach erscheint, die viel ankündigt, aber nicht alles davon umsetzt. Überall Unsicherheit, überall Unruhe.

Im Sommer 2017 hat Hans Peter Doskozil in der Auseinandersetzung über antisemitische Äußerungen des FPÖ-Abgeordneten Johannes Hübner[1] ganz klar Position bezogen: »Wenn es der FPÖ nicht gelingt, sich von Ewiggestrigen zu trennen, dann können sie (die FPÖ, Anm.) kein Partner sein. Jeder Form von Antisemitismus muss man entschieden entgegentreten«, sagte der Bundesminister und Vize-Chef der SPÖ in Zeitungsinterviews[2].

Hans Peter Doskozil wies darauf hin, dass Österreich eine besondere historische Verantwortung habe, dessen müsse sich ein Abgeordneter besonders bewusst sein. »Antisemitische Äußerungen und Verschwörungstheorien sind zutiefst abzulehnen«, betonte Hans Peter Doskozil. Er erwarte sich von der Bundes-FPÖ eine »Klarstellung und Distanzierung, aber auch Konsequenzen«. Eine parteiinterne Aussprache mit Hübner sei »nicht genug«. Hübner gab dann bekannt, nicht mehr bei der Nationalratswahl im Oktober 2017 kandidieren zu wollen.

Auf all diese oben genannten Probleme und Herausforderungen in Österreich, aber auch EU-weit, mit denen sich Politik und Gesellschaft konfrontiert sehen, weiß Hans Peter Doskozil nur eine einzige Antwort: »Meine Richtschnur als sozialdemokratischer Politiker ist, Beschlüsse zu fassen, die die Menschen schützen und stärken – und das umfassend.« Von innerer und äußerer Sicherheit, von strengen Kontrollen der EU-Außengrenze bis hin zur Verteidigung sozialer Sicherheit, Demokratie und Freiheit.

Am Höhepunkt der Flüchtlingskrise im Herbst 2015 hat Hans Peter Doskozil als burgenländischer Polizeichef nicht nur Festigkeit und perfektes Krisenmanagement bewiesen, er war der Polizist, der human reagiert hat. Dafür bekam er nationale und internationale Anerkennung. Der Bischof von Eisenstadt, Ägidius

Johann Zsifkovics, hat ihn mit der höchsten Auszeichnung der Diözese Eisenstadt, dem St. Martinsorden in Gold, für sein »äußerst kompetentes, unaufgeregtes, besonnenes und zutiefst menschliches Handeln« geehrt. Doskozil habe dadurch nicht nur hauptverantwortlich eine humane Bewältigung schwierigster Situationen gewährleistet, »sondern gleichsam als ein ›Fels in der Brandung‹ dazu beigetragen, dass unsere Landsleute stets das Gefühl von Sicherheit haben konnten und die Stimmung immer positiv geblieben ist«, bemerkte der Bischof[3].

Es ist unübersehbar, dass Sicherheit ein prioritäres Anliegen der Bürger ist, nicht nur in Österreich, sondern in ganz Europa, und sich zu einem ganz zentralen Wertebegriff entwickelt hat. Dem will Hans Peter Doskozil mit seiner Politik und seinem Anspruch, normative Klarheit zu schaffen, Rechnung tragen. Er weist Aussagen und Klassifizierungen, wonach es eine »rechte« und/oder »linke Sicherheit« gäbe, entschieden zurück. »Für mich gibt es nur eine umfassende Sicherheit.« Dabei wird er auch von der Spitze der SPÖ, Bundeskanzler Christian Kern ebenso wie von Kanzleramtsminister Thomas Drozda, unterstützt. Ende Juli 2017, am Rande eines gemeinsamen Truppenbesuches in der Salzburger Schwarzenberg-Kaserne, und in darauf folgenden Zeitungsinterviews hebt Kern die sicherheitspolitischen Kompetenzen von Doskozil besonders hervor. »Dass Doskozil qualifiziert ist, hat er bereits mehrmals unter Beweis gestellt«, sagte Kern[4] und verweist auf seinen Einsatz bei der Lösung des Flüchtlingsansturmes im Herbst 2015 und die positiven Entwicklungen beim Bundesheer.

Mit den Reformen im Verteidigungsministerium und seinen Vorschlägen zur Lösung der Flüchtlingskrise, die er bei Amtsantritt formuliert hat, ist Hans Peter Doskozil zum »Sicherheitsminister« avanciert. Den zerstörerischen Sparkurs für das Heer hat er gestoppt und mehr Geld für Ausrüstung und Ausbildung der Soldaten verhandelt. Er hat die starre Struktur des Militärs umgekrempelt, den Anteil der rasch einsatzbereiten Berufs- und

Zeitsoldaten deutlich erhöht, neues Gerät angeschafft und erreicht, dass sich wieder deutlich mehr junge Frauen und Männer für den Grundwehrdienst und eine Ausbildung beim Heer melden.

Meinungsumfragen zeigen, dass das Bundesheer als Garant für Sicherheit und Katastrophenschutz sowie als Arbeitgeber wieder attraktiv geworden ist. 64 Prozent der befragten Österreicher sagen im Juni 2017, dass sich die Entwicklung des Bundesheeres unter Bundesminister Hans Peter Doskozil »sehr« bzw. »eher verbessert« hat.[5] Auch die Rekrutierungszahlen haben sich bereits im ersten Amtsjahr des Ministers – im Vergleich zu 2015 – verdoppelt, von 605 Aufnahmen 2015 auf 1037 im Jahr 2016. Ein junger Offizier sagt es offen heraus: »Er hat das Bundesheer gerettet und uns wieder Selbstbewusstsein gegeben.«

Mitten im Hochsommer 2017 ist Hans Peter Doskozil – zwei Jahre nach dem Flüchtlingsansturm – erneut als Krisenmanager gefordert. Es geht darum, die Ursachen und Umstände des Todes eines 19-jährigen Grundwehrdieners bei einem Marsch mit Gepäck Anfang August in der Kaserne im niederösterreichischen Horn zu untersuchen und entsprechende Konsequenzen für die Ausbildungsbedingungen und die Qualität der Ausbildner zu ziehen[6]. Keine Frage, davon hängt auch ab, ob es Hans Peter Doskozil gelingt, die positive Stimmung in der Truppe und den Imagegewinn des Bundesheeres in der Öffentlichkeit, den er als Verteidigungsminister aufgebaut hat, weiter zu erhalten.

Entschlossen packt er diese menschliche und inhaltliche Herausforderung an. »Schonungslose und lückenlose Aufklärung sowie Transparenz« gibt er als Maxime seines politischen Handelns und seiner Verantwortung aus. Umgehend setzt er zwei Untersuchungskommissionen mit anerkannten Experten an ihrer Spitze ein. Mit dieser raschen Reaktion, Offenheit und Klarheit, zieht er das Heft des Handelns an sich und schafft es, Pauschalurteilen sowie Gerüchten und Spekulationen – unter anderem in den sozialen Medien – entgegenzutreten und auf der Ebene der Fakten und valider Antworten zu bleiben.

Von Anfang an ist Teil seiner Reformagenda die Korruptionsbekämpfung im Beschaffungswesen. Hier setzt der gelernte Polizist und studierte Jurist Schwerpunkte. Er präsentiert ein Anti-Korruptionspaket, das künftig keine Gegengeschäfte beim Ankauf neuer Geräte mehr zulässt, und er unterbindet Rechtsgeschäfte des Verteidigungsministeriums mit Lobbyisten. Außerdem versucht er, einen Schlussstrich unter die Endlos-Causa Eurofighter zu ziehen, indem er nach Ermittlungen der internen Task Force Anzeige wegen Betrugs gegen den Hersteller Airbus erstattet.

Hans Peter Doskozil stärkt das Bundesheer für neue Herausforderungen, er lässt die Cyber-Defense-Einrichtung ausbauen und geht dabei eine Kooperation mit Israel ein, dem weltweit führenden Land im Bereich der Cyber-Defense und der Bekämpfung von Cyber-Kriminalität. Er rüstet die Soldaten für internationale Aufgaben aus und hält an Friedenseinsätzen des Bundesheeres in Bosnien-Herzegowina und im Kosovo fest, weil »ein stabiles Umfeld auch unsere Sicherheit stärkt«, wie er betont.

Wenige Monate nach Amtsantritt hat er als erster österreichischer Verteidigungsminister im Juni 2016 einen offiziellen Besuch bei NATO-Generalsekretär Jens Stoltenberg in Brüssel absolviert. Österreich ist Mitglied des NATO-Programmes »Partnership for Peace« (PfP). Ein Jahr später gab es einen neuerlichen Termin beim NATO-Chef. Auf höchster Ebene wurde der Konflikt mit der Türkei entschärft. Als Retourkutsche für die Haltung der österreichischen Bundesregierung, die Beitrittsverhandlungen mit der Türkei zu stoppen, blockiert die Regierung in Ankara die Teilnahme von Bundesheersoldaten an PfP-Ausbildungstrainings. Mit Stoltenberg hat er eine Lösung gefunden: Die Soldaten beteiligen sich an Ausbildungsprogrammen mit anderen Ländern.

Auf europäischer Ebene profiliert sich Hans Peter Doskozil im Kreise seiner Amtskollegen auch in der Flüchtlingsfrage. Gleich nach Amtsantritt Ende Jänner 2016 schlägt er einen besseren und effizienteren Außengrenzschutz der EU unter militärischer Beteiligung vor. Sein Migrationskonzept ist in weiten Teilen in den »Sieben-Schritte-Plan« von Bundeskanzler Kern eingeflossen, den beide – Kern und Doskozil – am 12. Juli 2017 präsentiert haben. Verfahrens- und Schutzzentren in afrikanischen Ländern (zum Beispiel Niger), Rückführungsabkommen, ökonomische Hilfe und Investitionen für die Herkunftsländer der Flüchtlinge und ein eigener EU-Migrationsbeauftragter sind die wichtigsten Punkte dieses Planes. Wenn all das umgesetzt ist und auch funktioniert, geht Hans Peter Doskozil davon aus, dass auch die Verteilungsfrage der Flüchtlinge in der EU gelöst werden könne.

Ein enges Netz an Kontakten auf europäischer und internationaler Ebene – unter seinen Amtskollegen, aber auch unter Europas Sozialdemokraten – hilft ihm, österreichische Interessen in der Sicherheits- und Migrationspolitik durchzusetzen. Die Bilanz ist beachtlich: 37 Auslandsreisen und hochrangige bilaterale Treffen und Truppenbesuche weist seine Agenda von Februar 2016 bis Ende Juni 2017 aus.

Hans Peter Doskozil hat mittlerweile auf EU-Ebene aber auch erfahren, dass Reformen in der EU nur in kleinen Schritten möglich sind, vorausgesetzt, es gibt einen Konsens. Hier erwartet er raschere Entscheidungen, auch im Sinne der Bürger.

Apropos Konsens: Hans Peter Doskozil ist gewiss ein Politiker, der nicht stur seine Positionen durchboxt. In allem, was er bisher erreicht hat – Bundesheerreform und Migration – hat er den Kompromiss mit anderen Parteien gesucht. Er hat aber auch sehr deutlich darauf hingewiesen, wo Grenzen notwendig sind. Die Erfahrungen in der Flüchtlingsfrage und der öffentliche Diskurs darüber haben gezeigt, wie gefährlich es für den inneren Frieden und für die Stabilität der Gesellschaft ist, wenn Bürger den Eindruck bekommen, der Staat verliert die Kontrolle über Grenzen und Zuwanderung. So lautet auch das Postulat von Hans Peter Doskozil: Es ist legitim, Grenzen zu ziehen.

Der Berliner Politikwissenschaftler Wolfgang Merkel findet, dass es der SPÖ erfolgreich gelungen ist, die Themen Sicherheit,

Flüchtlinge und Ausländer in ihr Programm zu integrieren. »Die Sozialdemokraten in Österreich unter Bundeskanzler Christian Kern haben die Ausländer-Thematik erfolgreich in ihr Programm integriert.« Daher rät er auch der SPD, diese Themen stärker in den Blick zu nehmen. Es sei nicht ausländerfeindlich, von Grenzen der Immigration und Integration zu sprechen und Befürchtungen weniger begüterter Menschen aufzunehmen, sagte der Politologe der Deutschen Presse-Agentur[7]. »Wenn die Sozialdemokratie diesen Menschen eine auch progressive Stimme gibt, können sie vor dem Rutsch nach Rechtsaußen bewahrt werden.« Was der deutsche Politikwissenschaftler ausdrückt, »ist auch meine Position«, sagt Hans Peter Doskozil.

Wien, August 2017

I.

Familie im Südburgenland

> *»Die Grenze beschäftigt mich
> schon mein ganzes Leben.«*

1970 ist das Geburtsjahr von Hans Peter Doskozil. In Deutschland beginnt mit Bundeskanzler Willy Brandt die neue Entspannungspolitik zwischen der BRD und der DDR. Am 1. März 1970 erreicht die SPÖ unter Bruno Kreisky ihr bis dahin bestes Nachkriegsergebnis und wird stärkste Partei. Die legendären Beatles trennen sich endgültig. Die Concorde macht ihren ersten Überschallflug. Brasilien gewinnt die Fußball-WM. Der Schulmädchen-Report, Teil 1, kommt in die Kinos und erregt die Gemüter. Im September erscheint in Wien das Nachrichtenmagazin *profil* das erste Mal. Jimi Hendrix stirbt an einer Alkohol- und Tablettenvergiftung, und Janis Joplin beendet ihr Leben mit einer Überdosis Heroin. Salvador Allende wird Präsident von Chile. Die ARD strahlt den ersten Tatort aus. Gegen Ende des Jahres gedenkt Willy Brandt in Warschau den Opfern des Holocaust: Vor dem Denkmal für die Opfer des Ghettos, die überwältigende Mehrheit waren Juden, geht der deutsche Sozialdemokrat in die Knie. Seine Geste bleibt unvergessen.

1970, das Geburtsjahr von Hans Peter Doskozil, ist ein aufregendes und spannendes Jahr.

Für den kleinen Hans Peter beginnt alles in Blumental, in einer entlegenen Siedlung. Blumental, mit dem ansprechenden Namen, ist aber nicht irgendein kleines Dorf im Südosten von Österreich. Blumental ist ein Grenzort zwischen zwei Bundesländern: dem Burgenland und der Steiermark. Staatsgrenze ist das natürlich keine, aber immerhin, es ist ein geteilter Ort. »Zwei Häuser standen in der Steiermark, drei Häuser im Burgenland«, erinnert sich Hans Peter Doskozil.

Hier, in Blumental, im Süden des Burgenlandes, verbringt er die ersten vier Jahre seiner Kindheit. Heute sagt er: »Das Bild der Grenze, die Grenze als Metapher, beschäftigt mich schon mein ganzes Leben.«

Bald ziehen die Doskozils in den benachbarten Ort Kroisegg, welcher zur Gänze im Burgenland liegt. Die Eltern arbeiten hart und sparen, hier in Kroisegg bauen sie ein Einfamilienhaus – damals in den aufstrebenden siebziger Jahren des vergangenen Jahrhunderts.

Es sind einfache Verhältnisse, in denen Hans Peter Doskozil aufwächst. Die Großmutter, eine resolute Frau, betreibt in der Nachkriegszeit eine kleine Landwirtschaft, drei, vier Hektar Grund gehören zum Hof. Ihr Mann ist im Zweiten Weltkrieg gefallen.

Die Mutter, Herta Doskozil – sie ist 1948 geboren – arbeitet einige Jahre in einer Fabrik in Willersdorf. Als Hans Peter 1970 auf die Welt kommt, gibt sie den Job auf. Sie bleibt zu Hause und kümmert sich fortan um die Familie.

In Abständen von sieben Jahren werden die Kinder geboren: Hans Peter ist der Älteste, 1977 kommt seine Schwester Birgit auf die Welt, im Jahr 1984 folgt sein Bruder Klaus.

Der Vater, Johann Doskozil, Jahrgang 1938, verdient das Geld als Fahrschullehrer in Pinkafeld. Später wechselt er zur BEWAG, der Burgenländischen Elektrizitätswirtschafts Aktiengesellschaft, heute kurz »Energie Burgenland« genannt, arbeitet in einem Instandsetzungstrupp, der Transformator-Stationen und Leitungen wartet. Dieser Tätigkeit geht er bis zu seiner Pensionierung nach.

Der Vater von Hans Peter Doskozil kommt aus Blumental, seine Mutter aus Dreihütten in der burgenländischen Gemeinde

Bernstein, hart an der Grenze zu Niederösterreich gelegen. Die Familie der Mutter gehört der ÖVP an, alle sind tief mit der Volkspartei verbunden. Der Vater der Mutter, Hans Peter Doskozils Großvater, macht Karriere in der ÖVP, er wird Bürgermeister in Dreihütten.

Die parteipolitische Orientierung der Herkunftsfamilie der Mutter hin zur ÖVP ist aber nicht der einzige Unterschied zwischen den beiden Elternteilen. Die Mutter und ihre Familie sind protestantisch, wie viele im Burgenland. Die Angehörigen der Familie des Vaters sind alle Sozialdemokraten und katholisch. Ein Partei- und Religionen-Mix im Hause Doskozil, Hans Peter wächst katholisch auf und tritt später der SPÖ bei.

Jahrzehnte später: An einem Frühsommerabend im Juni 2017 sitzt Hans Peter Doskozil im crèmefarbenen Lederfauteuil im Wintergarten des Verteidigungsministeriums im Dachgeschoss der Rossauer Kaserne im 9. Wiener Gemeindebezirk, ein kleiner Raum mit Ziegelwand und Glasdach. Draußen rauscht der Verkehr am Donaukanal entlang. Vor dem Minister steht ein schlichter Beistelltisch mit einer Karaffe Wasser, einigen Gläsern und einer Tasse Cappuccino. Das Handy von Hans Peter Doskozil ist auf lautlos gestellt. Er wirkt sehr konzentriert, wenn er mit leiser Stimme über seine Kindheit und Jugend redet. Sentimental wird er nie. Unaufgeregt, sachlich und überraschend offen schildert er, was war. Er lässt die Jahre Revue passieren, an manchen Stationen hält er länger, manche Phasen streift er nur. Man hat den Eindruck, Erzählen und Erinnern gefällt ihm.

»Wie war das damals?«, »Wie war es genau?« – er unterbricht sich selbst, schiebt rhetorische Fragen ein und gewinnt ein bisschen Zeit zum Nachdenken. Nicht immer fällt ihm sofort das richtige Wort ein, dann wieder sprudeln viele Details aus ihm heraus. Über vieles würde er gerne länger diskutieren, aber er muss zum nächsten Termin.

Es ist spannend, wie er Fragen aufgreift, die ihn beschäftigen, eben nicht nur tagespolitische, sondern auch philosophische und religiöse. Wie entwickelt sich die Gesellschaft weiter? Wie entstehen Trends? Ein Spitzenpolitiker hat wenig Zeit, doch bei einem unserer Gespräche schweift er ab, wir reden einen Abend lang über Evolution, über menschliche Existenz und was Glauben für Menschen bedeutet. Gemeinhin erwartet man sich solche Reflexionen nicht von einem Verteidigungsminister. Doch das anzunehmen, ist ein Klischee.

Bei einem anderen Termin in seinem Büro setzen wir in seiner Kindheit fort: »Ja, die Erziehung meiner Eltern war streng, sie waren bedacht auf eine gute Schulbildung ihrer Kinder. Ich musste sofort nach der Schule die Hausaufgaben erledigen und lernen, lernen, lernen. Zumindest in der Volksschule«, schränkt er ein. Früh übernimmt er Verantwortung und Pflichten. »Mir wurden bestimmte Tätigkeiten und Aufgaben zugeteilt. Als Volksschulkind musste ich auf meine jüngere Schwester aufpassen, später auch auf meinen kleinen Bruder. Das war schon eine Herausforderung.«

Viel mehr Freude und Spaß bereitet ihm das Milchholen beim Bauern, denn hier war ständig etwas los. »Am Hof konnte ich immer mit den anderen Kindern spielen, und ich durfte mit dem Bauern auf dem Traktor mitfahren.« Für einen aufgeweckten Buben ist das Traktorfahren schon ein kleines Abenteuer, jedenfalls aufregender als die kleinen Pflichten und Aufgaben im Einfamilienhaus.

Der Alltag im damals 232 Einwohner zählenden Dorf Kroisegg bietet ja nicht sehr viel Abwechslung für neugierige Kinder. Es gibt einen Fußballverein und einen Sportplatz. Am Fußballplatz trifft sich der ganze Ort, die kleinen Buben, die Jugendlichen und die etwas älteren Herren kicken hier fast jeden Abend. Unter den Bewohnern des Ortes lässt das ein Gefühl von Zusammengehörigkeit entstehen. Wenn es eine Arbeit zu erledigen gibt, zum Beispiel das Gras des Fußballfeldes zu mähen, packen alle an, eine Erinnerung, die sich bei Hans Peter Doskozil eingeprägt hat: »Wenn ich heute noch frisch gemähtes Gras rieche, muss ich an diese Zeit zurückdenken.«

Fußball ist sein Ein und Alles, er ist vernarrt in diesen Sport. Das Interesse am Kicken lässt allerdings ein wenig nach, als plötzlich Tennis modern wird. »Da es bei uns im Ort keinen Tennisplatz gab, haben wir einfach auf der Asphaltstraße gespielt. Das Feld wurde auf der Straße gezeichnet, als Netz diente eine Holzlatte. Dann schlugen wir mit Plastikschlägern auf den harten Tennisball. Immerhin, der Ball war echt.«

Vom Tennis ist damals die ganze Bevölkerung begeistert. Thomas Muster, der bis heute erfolgreichste österreichische Tennisspieler, gewinnt ein Turnier nach dem anderen und feuert die Tennisleidenschaft bei vielen Menschen so richtig an. »Das hat uns alle beflügelt«, sagt Hans Peter Doskozil. Noch heute spielt er gelegentlich ein Match mit Freunden. Seine Rückhand ist gefürchtet.

»In der Volksschule war ich ein sehr guter Schüler«

Nach der Übersiedlung der Familie von Blumental nach Kroisegg kommt Hans Peter Doskozil in den Kindergarten. Ein Jahr später, mit sechs Jahren, beginnt für ihn der Schulalltag. Er nimmt es gelassen: »In der Volksschule war ich ein sehr guter Schüler.« Den Schuldirektor, eine Respektsperson und ein Jagdkollege seines Vaters, findet er durchaus sympathisch, ein Lehrer, der keine Angst macht. Schon in der Volksschule kommt er erstmals mit einem Politiker in Berührung: Der damalige burgenländische Landeshauptmann Theodor Kery (SPÖ) kommt auf Besuch nach Kroisegg. Der ganze Ort ist auf den Beinen, der Schulchor rückt aus und gibt ein Ständchen zum Besten; Hans Peter wird vom Lehrer ausgewählt und darf ein Gedicht aufsagen. »Diese Begegnung hat mich als Kind schon beeindruckt.«

Nach der vierten Klasse Volksschule wechselt Hans Peter Doskozil – wie fast alle anderen Mitschüler – in die nächstgelegene Hauptschule in Pinkafeld. Die ersten beiden Hauptschul-Klassen schafft Hans Peter Doskozil ohne Probleme und mit den besten Noten. Den Lehrern fallen seine Leistungen auf, nichts liegt näher als ihn zu fragen, ob er nicht in das Gymnasium wechseln wolle. Auch seine Eltern sind damit einverstanden, das Gymnasium war immer ihr Traum, doch die finanziellen Kosten sind eine Hürde. Ab der dritten Klasse Gymnasium bis zur Matura ist Hans Peter Doskozil Schüler des Bundesrealgymnasiums in Oberschützen. Täglich fährt er mit dem Bus mehr als 45 Minuten von Kroisegg nach Oberschützen, einmal muss er sogar umsteigen. Doch so einfach, wie er sich den Unterricht im Gymnasium vorgestellt hat, ist es doch nicht. Der neue Schultyp, die Professoren und auch die Mitschüler haben Hans Peter Doskozil schon einiges abverlangt.

Am Beginn der Oberstufe legt er sich eine »effiziente Lernmethode« zurecht. Das System ist ganz einfach: »Mit dem geringsten Aufwand den maximalen Erfolg erzielen.« Von dieser ökonomischen Formel habe ihm irgendjemand erzählt, erinnert er sich. Das Prinzip hat er sich gemerkt, und er praktiziert die Methode – erfolgreich – bis zur Matura. »Ich habe immer gewusst, wann es notwendig ist, etwas zu lernen, und wann eben weniger.«

Vorbilder: Niki Lauda und Helmut Schmidt

Ende der 1970er Jahre, Anfang der 1980er Jahre, gibt es in Österreich noch ein überschaubares Medienangebot: ORF 1 und ORF 2 liefern die Informationen und sind für die Bevölkerung das Fenster zur Welt. Auch für die Jungen, auch für Hans Peter Doskozil.

Im Fernsehen schaut er sich jede Übertragung eines Formel-1-Rennens an. Von Niki Lauda ist er angetan, der österreichische Autorennfahrer wird zu seinem Vorbild. Bei einem Wettbewerb gewinnt er sogar ein Autogramm von Niki Lauda. »Die Autogrammkarte wurde mir per Post zugeschickt. Niki Lauda war bei uns am Land unter den Jugendlichen ein Riesenthema, alle schwärmten von ihm.«

Trotz der vorübergehenden Begeisterung für die Formel-1 bleibt Fußball für den Jugendlichen Hans Peter Doskozil die wichtigste Sportart, die ihn interessiert. Er war immer schon Fan des Wiener Fußball-Klubs Rapid, und bis heute hat sich an dieser Leidenschaft nichts geändert. Es gibt wenig Rapid-Matches, die er nicht besucht, keinen Spieler, den er nicht kennt.

Den Jugendtraum, Profi-Fußballer zu werden, gibt er bald auf. Bis zum Abschluss des Gymnasiums in Oberschützen macht er sich keine besonderen Gedanken, was nach der Schulzeit folgt – Berufsausbildung oder Studium? –, das ist vorerst noch offen. Die Matura in der Klasse 8a schafft er jedenfalls im Handumdrehen.

Polizist zu werden gehört zunächst nicht zu den Wünschen von Hans Peter Doskozil, er kann sich unter dem Beruf »Polizist« nicht sehr viel vorstellen, die ersten Erfahrungen mit Polizisten schreckten ihn eher ab. »In der Schule hatten wir Verkehrsunterricht, den Polizisten abhielten. Da gab es eine Reihe von Vorschriften, die Polizisten auswendig kennen mussten. Damals habe ich mir gedacht, Polizist will ich nicht werden. Dann, mit 16, begannen wir in die Disco zu gehen. Zu diesem Zeitpunkt haben meine Freunde und ich eine ganz natürliche Distanz zum Thema Polizei und Sicherheit entwickelt.« Mit Augenzwinkern erinnert sich Hans Peter Doskozil an diese Phase seines Lebens.

Die Reise nach der Matura auf die griechische Ferieninsel Santorin genießt er. Es ist die erste Reise in seinem Leben. »Meine Familie war nie auf Urlaub, wir haben höchstens Tagesausflüge zum Neusiedlersee oder zum Stubenbergsee unternommen. Für mich war die Maturareise nach Santorin der erste richtige Urlaub.«

Bis zum Einrücken zum Bundesheer Anfang 1989 überbrückt Hans Peter Doskozil die Zeit mit verschiedenen Tätigkeiten, um Geld zu verdienen. Jobs zu machen, ist für ihn ganz normal. »Seit meinem 15. Lebensjahr habe ich in den Ferien immer rund sechs Wochen gearbeitet.« Keine Alternative zum Bundesheer ist für ihn der Zivildienst. »Diese Option ist für mich nicht in Frage gekommen, das war kein Thema. Ich wollte zum Bundesheer.«

Nicht nur die Berufsausbildung zum Polizisten wird in seinem 18. Lebensjahr immer konkreter, auch das Interesse an Politik wird stärker. Er beginnt sich mit dem ehemaligen deutschen Bundeskanzler Helmut Schmidt zu beschäftigen, liest Bücher von ihm und Texte über ihn. Als Hans Peter Doskozil selbst Verteidigungsminister wird, kommt er wieder auf Helmut Schmidt zurück. »Ich schätze ihn sehr, er ist heute für mich ein Vorbild.« Zwei Gedanken, die der Sozialdemokrat und spätere langjährige Mitherausgeber der Wochenzeitung *Die Zeit* formulierte, faszinieren den neuen Minister. »Einmal die Aussage, wonach der Politiker nie vergessen soll, dass er dient.« Und zweitens »die Antwort auf die Frage, welche Voraussetzungen ein Politiker mitbringen und welchen Mindestanforderungen er genügen sollte. Für einen Politiker ist es wichtig, dass er gebildet ist und über den Tellerrand hinaus blickt«, sagt Hans Peter Doskozil in Anlehnung an Helmut Schmidt[8].

Der Plan, Polizist zu werden

Es war nach der Matura im Sommer 1988, als ein Schulkollege ihn definitiv davon überzeugte, nach dem Grundwehrdienst zur Wiener Polizei zu gehen. »›Geh', komm' mit zur Polizei. Da ist immer was los, und danach hat man zwei, drei Tage frei‹. Diese Idee hat mir schon gefallen.« Der Entschluss, Polizist zu werden, ist nun endgültig gefallen.

Doskozil hat grundsätzliches Interesse am Polizeiberuf, der Tipp des Schulfreundes, die Polizei-Akademie zu besuchen, ist letztendlich aber auch eine Vernunftentscheidung: »Das Dienstsystem bei der Polizei erlaubte es mir, neben der Arbeit zu studieren, was immer mein Ziel war. Und ich wollte meinen Eltern durch ein Studium finanziell nicht zur Last fallen, meine beiden jüngeren Geschwister waren noch schulpflichtig. Dieser Gedanke beschäftigte mich sehr und hat letztendlich bei meiner Berufswahl eine entscheidende Rolle gespielt.« Wie viele andere Familien, die sich ein Haus bauten und drei Kinder hatten, mussten auch die Doskozils immer sparen.

Bundesheersoldat in Pinkafeld

Am 1. Jänner 1989 rückt Hans Peter Doskozil in Pinkafeld zum Bundesheer ein. Nach neun Wochen Grundwehrdienst kommt er zum Jäger-Bataillon Nummer 19. Nach seiner Zeit beim Bundesheer beginnt er die Ausbildung zum Polizisten. Die Aufnahmeprüfung in den Polizeidienst im April 1989 besteht er problemlos. Im Sommer 1989 beginnt die Ausbildung zum Polizisten in der Marokkanerkaserne im 3. Wiener Gemeindebezirk. »Meine Eltern reagierten sehr erleichtert, als ich ihnen gesagt habe, dass ich zur Polizei gehe und daneben das Studium mache. Ich habe gespürt, wie schwierig es für meine Eltern gewesen wäre, wenn ich sofort zu studieren begonnen hätte. Sie haben es mir zwar nie zu verstehen gegeben, aber ich wusste es. Meine Schwester konnte später Medizin studieren, mein jüngerer Bruder macht es mir jetzt gleich: Er ist Polizist in Wien und studierte ebenfalls Jus.«

II.

Beruf Polizist

> »*Die Polizisten mögen alle Menschen so behandeln, wie sie selbst gerne behandelt werden möchten.*«[9]

Die Bundeshauptstadt ist für Hans Peter Doskozil nach dem Bundesheer noch kein wirklich vertrauter Ort. »Ich war mit 15 Jahren das erste Mal in Wien. Mit Freunden vom Sportklub Kroisegg fuhren wir mit dem Bus zum Match Rapid gegen Dresden. Das zweite Mal war ich zur Aufnahmeprüfung für die Polizei-Akademie in Wien. Ich kam mit dem Bus aus dem Burgenland in der Friedrichstraße bei der Secession an, mit dem Stadtplan in der Hand habe ich mich dann zu Fuß bis in die Marokkanergasse durchgeschlagen. Das dritte Mal kam ich nach Wien, als ich 1989 mit dem Kurs in der Polizeischule begann.«

Zwei Jahre dauert die Ausbildung zum Polizisten in der Marokkanerkaserne. Von früh bis spät sind die Abläufe streng geregelt. »Ich kam mir hier schon ein bisschen kaserniert vor«, erinnert sich Hans Peter Doskozil an diese Jahre als Polizeischüler. Vier junge Männer teilen sich ein Zimmer, von Montag bis Freitag wird – ganztägig – unterrichtet. Das System der Ausbildung zum Polizisten kann man durchaus als verschult bezeichnen. An zwei Tagen, jeweils am Dienstag und am Donnerstag, ist es den Polizeischülern erlaubt, die Kaserne von 15.30 Uhr bis Mitternacht zu verlassen. Jedes Wochenende fährt Hans Peter Doskozil nach Hause ins südliche Burgenland zu seiner Familie. Hier trifft er seine Freunde und hier engagiert er sich aktiv in verschiedenen Vereinen.

Was ihn an der Ausbildung anfänglich stört, ist das viele Auswendiglernen von Texten und Paragrafen in fast allen Gegenständen. »Ich habe in der Schule nie etwas auswendig gelernt, ich habe immer nur logisch und in Zusammenhängen gedacht.« Es dauert etwas, aber dann gewöhnt er sich daran, Gesetzestexte zu pauken und herunterzubeten. Allmählich wird ihm das gesamte Polizeiambiente immer vertrauter: »Ich habe begonnen, mich mit der Arbeit und dem Berufsbild des Polizisten immer mehr zu identifizieren.«

25 Schüler sind in einer Klasse untergebracht, es gibt zwölf Parallelklassen, aus ganz Österreich kommen die angehenden Polizisten. Niederösterreicher, Wiener, Steirer, Kärntner und Burgenländer sind in der Überzahl. Es dauert nicht lange, bis er im Polizeikurs gute Freunde kennenlernt, Hans Peter Doskozil ist offen und kommunikativ. »Ich habe noch heute zu vielen von ihnen einen sehr guten Kontakt.«

Streifenpolizist im 5. Wiener Gemeindebezirk

Mit Beginn der Ausbildung tritt Hans Peter Doskozil Anfang Juli 1989 als Sicherheitswachebeamter in die Bundespolizeidirektion Wien ein. Von der Marokkanerkaserne kommt der junge, sich in Ausbildung befindende Polizist in die Wehrgasse nach Wien-Margareten. Hier, in der Dienststelle, scheint die Zeit stehen geblieben zu sein. Er fühlt sich wie in einem Schwarz-Weiß-Film. »Ich bin in der Wehrgasse in ein komplett altes Wachzimmer gekommen. Im Parteienraum gab es noch einen Kohlenofen. Ruß und Rauch verpesteten die Luft. Die Kohle musste noch aus dem Keller nach oben geschleppt werden.« Im Polizeirevier fehlen Sicherheitsvorrichtungen, undenkbar für heutige Verhältnisse.«»Es gab keine Sicherheitstüren, keine entsprechende Ausstattung. Auf alten Tischen standen klapprige Schreibmaschinen herum. Das Modernste war ein Fernschreiber. Nicht einmal einen Funkwagen hatte die Dienststelle«, schildert Hans Peter Doskozil.

Das Wachzimmer in der Wehrgasse ist mit 18 Leuten besetzt, es gibt drei Dienstgruppen, jede dieser Gruppen hat zwei Wachkommandanten. Einen Großteil ihrer Dienstzeit verbringen die Polizisten auf den Straßen des Bezirkes. Die Route, die Hans Peter Doskozil kontrolliert, legt er selbst fest, so wie dies auch alle anderen Kollegen tun. Die Polizisten sind immer alleine unterwegs, auch bei Einsätzen, jeder ist auf sich selbst gestellt. Einige Jahre später wird das alte Dienstzimmer in der Wehrgasse für immer geschlossen.

Es kommt zu Einsätzen in Privatwohnungen, zu gewaltsamen Streitereien, selbst Morde kamen vor. Beim Schreiben von Strafakten kommt Hans Peter Doskozil den Betroffenen immer wieder entgegen: »Denn bei Strafakten habe ich die Möglichkeit gehabt, flexibel zu sein, zum Beispiel bei Ratenvereinbarungen, wenn Rechnungen nicht pünktlich bezahlt worden sind. Ich bin den Leuten entgegengekommen, ich habe mich immer auf die Situation der Menschen eingestellt. Ich wollte ja niemanden sekkieren.«

Seinen Arbeitsstil als Polizist beschreibt er in unserem Gespräch viele Jahre später als »lösungsorientiert«. Er nimmt sich kein Blatt vor den Mund und sagt, was ihn im Nachhinein »massiv gestört« hat. »Manche Amtshandlungen sind rücksichtslos und mit Brachialgewalt durchgeführt worden. Das hat mir gar nicht gefallen – und hat mir weh getan.« Gesetzlich geregelte Verhaltensvorschriften und Bestimmungen gab es damals noch nicht, erst mit dem Sicherheitspolizeigesetz wurden diese 1993 in Kraft gesetzt.

Bestätigt in seinem Denken und Handeln fühlt sich Hans Peter Doskozil durch eine Rede von Caspar Einem (SPÖ)[10] bei der Ausmusterung des Chargenkurses. »Ich erinnere mich noch sehr genau an die Worte von Caspar Einem, die er uns 1995 mit auf dem Weg gegeben hatte: ›Die Polizisten mögen alle Menschen so behandeln, wie sie selbst gerne behandelt werden möchten‹. Diesen Satz habe ich mir genau gemerkt.«

Während seiner Berufsausübung als Polizist erlebt Hans Peter Doskozil einige gefährliche Situationen. Manche haben sich in sein Bewusstsein eingegraben, als wären sie gerade passiert: »Als Chargenschüler war ich dem Wachzimmer in der Patrubangasse im 10. Wiener Gemeindebezirk zugeteilt. Dort gab es einige harte Einsätze: schwere Raufereien, Morde und Leichen. Das waren für mich immer sehr schwierige Geschichten.«

Bei einem Einsatz im Suchtgift-Milieu bei der U-Bahnstation Margareten greift er das einzige Mal in seiner Polizisten-Laufbahn zur Waffe. »Ich war mit einer jüngeren Kollegin unterwegs, zwischen den Gürtelfahrbahnen haben wir einen Drogenhandel wahrgenommen. Ich hielt den Wagen an, bin aus dem Auto gesprungen, meine Kollegin blieb im Wagen zurück. Die Tatverdächtigen rannten sofort davon, sie steuerten auf die Gemeindebauten am Margaretengürtel zu und wollten sich in einem der Innenhöfe verstecken. Ich lief ihnen nach, einer der Tatverdächtigen war plötzlich verschwunden. Als Warnung habe ich einmal in die Luft geschossen.«

Insgesamt wird Hans Peter Doskozil zwei-, dreimal bei einer polizeilichen Handlung verletzt, so genau weiß er es auch nicht mehr. »Solche Situationen hat es gegeben. Häftlinge haben sich im Arrest gewehrt und wurden aggressiv. Auch psychisch kranke Personen schlugen um sich.«

Einschneidende Erlebnisse sind für ihn Einsätze bei psychisch Kranken. »Wir haben diese Menschen in der Rettung begleitet, wenn sie in die Psychiatrie auf die Baumgartner Höhe gebracht wurden. Das hat mir einen tiefen Einblick gegeben, wie es Menschen in der Psychiatrie geht.«

Die Entscheidung fällt, mit dem Jus-Studium zu beginnen

Es ist Sommer 1994: Hans Peter Doskozil kontrolliert als Streifenpolizist die Straßen und Gassen entlang des Margaretengürtels im 5. Wiener Gemeindebezirk. In den dunklen Ecken der U-Bahnstation Margareten treffen sich Drogendealer und Drogenabhängige. Bei einem dieser Einsätze verletzt sich Hans Peter Doskozil schwer, er erkrankt an Hepatitis B, weil er nicht geimpft ist. Es ist ein Dienstunfall, er wird einige Monate krankgeschrieben, Ärzte verordnen ihm Ruhe, es geht um die Stabilisierung seiner Abwehrkräfte.

In dieser Zeit fasst er endgültig den Beschluss, mit dem Jus-Studium, das er ja unbedingt machen will, zu beginnen. Die Ausbildung zum Polizisten und die ersten Berufsjahre sind aber so intensiv, dass es ihm nicht möglich ist, beides, Job und Studium, unter einen Hut zu bringen. Im September 1994 ist es dann so weit: Er inskribiert an der Universität Wien und beginnt im Wintersemester 1994/95 mit dem Studium an der Juridischen Fakultät. »Meine erste Vorlesung war Soziologie, die Prüfung im Jänner 1995 war ein Multiple-Choice-Test, den habe ich geschafft. Das war für mich die Motivation, weiter zu studieren. Dann habe ich mit der Einführungsvorlesung begonnen, die aus drei Teilen bestand: Psychologie, Privatrecht und Öffentliches Recht. Die erste große Hürde war dann die Einführungsprüfung. Auch diese Prüfung hat geklappt.«

Sehr oft hält sich Hans Peter Doskozil nicht im Juridicum auf, das Studentenleben, wie es viele praktizieren, mit langen nächtlichen Partys und vielen Diskussionen, kennt er nicht. »Ich habe wenig Bezug zum Studentenleben gehabt. Ich bin nur für die Pflichtübungen auf die Uni gegangen. Den Rest habe ich alleine von zu Hause aus gemacht.«

Das Studium erfordert Disziplin, und Hans Peter Doskozil hat die Bereitschaft, es auch zu beenden. Wenn er sich etwas vornimmt, dann verfolgt er dieses Ziel hartnäckig bis zum Ende. Er will das Studium mit einem akademischen Titel abschließen. Daneben arbeitet er weiterhin als Polizist, und etwas Zeit braucht er auch für die Familie: Tochter Laura kommt im April 1999 auf die Welt, sein Sohn Lukas wird im Dezember 2000 geboren.

Trotz der beruflichen und familiären Beanspruchung setzt er sich selbst unter Druck und nimmt sich vor, eine Prüfung nach der anderen zu den Hauptprüfungsterminen abzulegen. Die Systematik der Polizeiarbeit kommt ihm im Studium entgegen. »Das hat mir im Studium in den Fächern Verwaltungsrecht und Strafrecht sehr geholfen.« Seine Arbeit im Strafrecht wird mit »sehr gut« beurteilt. Nach fünf Jahren, im September 2000, kann er das Studium beenden. Die Sponsion zum Mag. iur. findet am 29. November 2000 statt.

Dienstführender-Kurs

Streifendienst, Pauken für Prüfungen und Familie reichen dem Workaholic offensichtlich immer noch nicht. Neben dem Jus-Studium macht Hans Peter Doskozil 1996 bis 1997 den Kurs für Dienstführende, um die Polizisten-Karriereleiter hochzuklettern. Die Aufnahmeprüfung schafft er problemlos. »Ich habe mir gedacht, ich mache den Kurs für den Fall, dass ich das Studium nicht schaffe. Sicher ist sicher.« Neun Monate verbringt er zum zweiten Mal in der Marokkanerkaserne, wo er zuvor bereits die Grundausbildung zum Polizisten absolviert hatte. Der Fortbildungskurs ähnelt einem Schulbetrieb mit Frontalunterricht, aber das kennt er ja noch von früher.

Nach dem Ende dieser – im Beamtenjargon genannten – E2a-Ausbildung wird Hans Peter Doskozil Dienstführender im Polizeikommissariat in der Schönbrunner Straße im 12. Wiener Gemeindebezirk.

Nach einem Studienabschluss als Jurist und mit dem akademischen Titel in der Tasche ist es bei der Wiener Polizei üblich, innerhalb weniger Monate einen neuen, der akademischen Ausbildung entsprechenden Posten zu bekommen. Was bislang als Automatismus galt, wird bei Hans Peter Doskozil aber nicht angewandt. Seine erhoffte Beförderung wird auf die lange Bank geschoben, er muss einige Jahre bis zum Jobwechsel warten.

2000: Schwarz-blaue Regierungskoalition – und langes Warten auf die Beförderung

In Österreich ist seit 4. Februar 2000 eine schwarz-blaue Regierung an der Macht. Das Innenministerium, ein Schlüsselressort, wird von der ÖVP geführt. Ob das lange Warten auf einen Akademikerposten mit der ÖVP-FPÖ-Koalition zusammenhängt, kommentiert der überzeugte Sozialdemokrat nicht, aber der Anschein besteht.

Um einen A-Posten zu bekommen, schreibt das österreichische Dienstrecht einen Ausbildungskurs und eine Dienstprüfung vor. Mit diesem sechsmonatigen Kurs, der vom Bundeskanzleramt organisiert und durchgeführt wird, beginnt Hans Peter Doskozil im Jahr 2002. Danach bleibt er bis Anfang 2003 weiterhin als Streifenpolizist tätig.

Am 10. Februar 2003 wird Hans Peter Doskozil in die Sicherheitsdirektion Burgenland dienstzugeteilt. Täglich pendelt er zwischen seinem Wohnort Wien und Eisenstadt hin und her. »Ich war immer noch Straßenpolizist und wurde nicht als Jurist übernommen. In der burgenländischen Sicherheitsdirektion wurde jemand gebraucht, der Fremdenrechtsbescheide schreiben kann.« Die Sicherheitsdirektion war damals noch die Berufungsinstanz, heute ist die Berufungsinstanz beim Bundesverwaltungsgerichtshof angesiedelt.

Ausweisungsberufungen, Schubhaftbeschwerden, Aufenthaltsverbotsberufungen – all das geht in Eisenstadt über den Schreibtisch von Magister Hans Peter Doskozil.

»Strafbescheide erstellen war mein erster Kontakt zum Fremdenrecht. Damals hat es das ausgeprägte Fremdenrecht ja noch nicht gegeben. Asyl war noch kein großes Thema. Schwarzarbeiter aus dem Osten Europas sind fremdenpolizeilich behandelt worden, weil sie keinen Aufenthaltstitel hatten, sie sind in Schubhaft genommen und abgeschoben worden. Die größte Gruppe kam aus Polen«, gibt er Einblick in einige typische Fälle.

In der Zeit als Beamter in der Sicherheitsdirektion in Eisenstadt beginnt Hans Peter Doskozil im Jahr 2002 mit dem Hausbau für seine Familie in der Gemeinde Grafenschachen, im Süden des Burgenlandes. 2004 zieht die Familie in das Eigenheim.

Zurück nach Wien in das Innenministerium: Hans Peter Doskozil schreibt das Fremdenpolizeigesetz neu

Im Juli 2004 ist es soweit: Die Beförderung auf einen A-Posten steht an. Der studierte Jurist wird in die Verwendungsgruppe A1 überstellt, wie es im Beamtendeutsch heißt. Hans Peter Doskozil bekommt einen Dienstposten im Fremdenpolizeilichen Büro der Bundespolizeidirektion Wien. Kurz danach, im September 2004, heuert er im Bundesministerium für Inneres an, ein ehemaliger Kollege aus dem A-Kurs informiert ihn über diesen Job. Im Innenministerium wartet eine Mammutaufgabe auf den Juristen. Die Neu-Kodifizierung des Fremdenpolizeigesetzes, des Asylgesetzes und des Niederlassungsgesetzes mit allen Nebengesetzen. Ein Team wird für diese Aufgabe zusammengestellt. Die Kenntnisse und Erfahrungen des Polizisten und Rechtsexperten Hans Peter Doskozil werden dringend gebraucht, an ihm liegt es nun, das Fremdenpolizeigesetz zu modernisieren und die legistischen Regelungen an die neuen Erfordernisse und Entwicklungen anzupassen.

Von einem ruhigen juristischen Werken am Fremdenpolizeigesetz kann keine Rede sein. Es gibt lange und schwierige Diskussionsprozesse mit den Fachabteilungen im Ministerium und mit Vertretern aus den Bundesländern. »Die Bezirkshauptmannschaften wollten kräftig mitmischen und brachten sehr viele Details und Inhalte ein. Diese konnten teilweise berücksichtigt werden, aber wir mussten natürlich darauf achten, ob alle Wünsche und Anliegen auch verfassungsrechtlich kompatibel sind.«

»Jeder Paragraf, die Organbefugnisse, die Erläuterungen, mussten neu geschrieben werden. Die Behördenaufgaben wurden neu definiert, die einzelnen Abschnitte klar aufgebaut, neue Verwaltungsstraftatbestände kamen hinzu. Die Struktur des Gesetzes hat sich völlig geändert.«, erzählt Hans Peter Doskozil von der anspruchsvollen, aber auch mühsamen Arbeit am völlig überarbeiteten Gesetz.

Hautnah erfährt er, was es heißt, ständig mit Forderungen und/oder politischen Interventionen konfrontiert zu sein. ÖVP und FPÖ machen Druck, die Schubhaft von sechs auf neun Monate auszuweiten, es gibt auch eine intensive Diskussion über die Zwangsernährung, die unbedingt verlangt wird, weil Menschen, die abgeschoben werden sollen, in den Hungerstreik treten. »Die Zwangsernährung ist gesetzlich auch gekommen, dafür war die Justizanstalt Josefstadt vorgesehen. Doch in der Praxis wurde dieses Gesetz nie angewendet. So viel zur praktischen Relevanz einer politischen Forderung. Diese Forderungen sind ein Problem und nicht immer seriös. Im Nachhinein kann ich klar sagen, dass es sich um reine Symbolgesetzgebung gehandelt hat«, kritisiert Hans Peter Doskozil. Noch Jahre später stört ihn das immens.

Als Experte, der das Fremdenpolizeigesetz neu schreibt, muss er sich auch mit den Sprechern der zuständigen Ausschüsse im Parlament austauschen. »Das waren ruppige Besprechungen mit ÖVP- und FPÖ-Abgeordneten des Nationalrates und nicht wirklich angenehm.« Massive Forderungen, das Asyl-, Niederlassungs- und Fremdenrecht zu verschärfen, kommen auch aus dem Kabinett der damaligen Innenministerin Liese Prokop (ÖVP). Doskozil erinnert sich an eine Unterredung im Büro der Ministerin mit Vertretern der Bezirkshauptmannschaften aus Niederösterreich. »Ich habe geglaubt, es geht dabei um eine rechtliche Diskussion mit Kabinettsmitgliedern, aber es handelte sich um eine kontradiktorische Vernehmung. Uns ist vorgeworfen worden, nicht praxisnahe genug zu sein und gegen die Linie des Hauses zu verstoßen. Wir sind sozusagen an den Pranger gestellt worden und mussten uns rechtlich rechtfertigen. Das habe ich so noch nie erlebt. Für mich war dieses Erlebnis eines der negativen Beispiele bei der Entstehung eines Gesetzes und ein Zeichen, dass man damals auf Kabinettsebene den Beamten des Ministeriums und dem Sektionsleiter nicht zu hundert Prozent vertraut hat.« Letztendlich, und darüber freut sich Hans Peter Doskozil heute noch, »hat sich der rechtliche Standpunkt aber durchgesetzt«.

Das Fremdenpolizeigesetz wird im September 2005 auch mit den Stimmen der SPÖ, die damals in Opposition ist, beschlossen. Das Gesetz, das Hans Peter Doskozil in den Jahren 2004 und 2005 neu formuliert und verfasst hat, gilt heute noch.

Nach dieser Aufgabe, das Fremdenpolizeigesetz neu zu schreiben, eröffnet sich für ihn die Möglichkeit, sich für das Richteramt im unabhängigen Bundesasylsenat (UBAS), der zweiten Instanz in Asylfragen (heute ist dies der Bundesverwaltungsgerichtshof), zu bewerben. Er nimmt diese Möglichkeit aber nicht wahr. »Ich konnte mir damals als 35-Jähriger das Richterdasein bis zur Pensionierung nicht vorstellen. Auch wenn es sicher ein angenehmer und ruhiger Job gewesen wäre.«

Abteilungsleiter in der Sicherheitsdirektion in Eisenstadt

Im Burgenland wird die Sicherheitsdirektion neu strukturiert, eine Abteilung für den verwaltungspolizeilichen Bereich wird geschaffen. In diesem neuen Bereich werden das Waffenrecht, das Melderecht, das Versammlungsrecht, das Vereinsrecht, das Fremdenrecht sowie das Sicherheitspolizeigesetz zusammengeführt.

Nach dem beruflichen Ausflug in das Innenministerium bewirbt sich Hans Peter Doskozil für das Amt des Leiters der Verwaltungspolizeilichen Abteilung bei der Sicherheitsdirektion in Eisenstadt. Im Juli 2005 bekommt er diesen Führungsposten. Durch diese neue Aufgabe ist er unter anderem auch für das Grenzkontrollrecht zuständig, das heißt, ihm obliegt es, Grenzen befristet zu schließen.

Kaum richtet er sich in seinem neuen Büro in Eisenstadt ein, wird er im Dezember 2005 gefragt, ob er nicht bereit wäre, erneut für sechs Monate in das Innenministerium zurückzukehren. Die Job Description klingt spannend und ist umfassend: Er möge doch mit einem Team aus verschiedenen Bereichen (ein Offizier der Exekutive, eine Person aus dem Fremdenpolizeilichen Dienst, ein Jurist aus dem Fremdenpolizeilichen Büro Wien, ein Experte vom Asylamt und ein EDV-Techniker) ein Monitoring-System aufbauen, um das Fremden- und Asylrecht operativ umzusetzen. Es geht dabei darum, zu beobachten, was nach Aufgriffen von illegal im Land befindlichen Personen verfahrenstechnisch passieren müsste. »Abschiebungen haben nicht funktioniert, und wir haben einen sehr guten Überblick bekommen, warum sie nicht funktioniert haben.« Und warum haben sie nicht funktioniert? Was waren die Ursachen dafür? »Die Gründe sind die gleichen wie heute«, erklärt Hans Peter Doskozil. »Es gibt keine Heimreise-Zertifikate, die entsprechenden Rückführungsabkommen mit Drittstaaten fehlen, die Personen tauchen unter, die Identität ist nicht festzustellen oder es gibt doch noch einen Familienbezug«, listet er die Gründe auf und verweist darauf, dass »an einem Gesamtkonzept nicht nachdrücklich genug gearbeitet wurde. Es hat keine Idee gegeben, wie man das umsetzt. Es hat auch keine Anreizsysteme für eine freiwillige Ausreise gegeben. Die Rückführungsquote lag bei 30 Prozent. Die Politik hat ganz einfach diese Quote akzeptiert«.

Ausflug in die Politik: Hans Peter Doskozil wird Referent im Büro des burgenländischen Landeshauptmannes

Im Spätherbst 2008 fährt Hans Peter Doskozil gerade von Eisenstadt über den Wechsel, als sein Handy läutet. Hans Niessl, der Landeshauptmann des Burgenlandes, meldet sich persönlich und fragt ihn, ob er sein juristischer Referent werden möchte, weil er seinen bisher dafür zuständigen Mitarbeiter wechseln müsse. Wie bei anderen Jobangeboten zuvor, entscheidet er ganz spontan. »Ohne irgendjemanden zu fragen, habe ich sofort Ja gesagt. Zwei Wochen später, im November 2008, bin ich schon im Büro des Landeshauptmannes gesessen.« Nicht angenehm ist für ihn – »es war schon ein bisschen schwierig« –, dass der Büroleiter nicht über seine Bestellung informiert war. »Der Büroleiter wusste nicht, dass ich komme, und dass es einen neuen Mitarbeiter gibt.«

Hans Peter Doskozil ist unter den sechs oder sieben engen Mitarbeitern des Landeshauptmannes der einzige Jurist im Büro und wird mit Arbeit überhäuft. Rechtliche Aspekte des Personalwesens fallen ebenso in seinen Aufgabenbereich wie die Administration des Landtages, der öffentliche Verkehr und die Raumplanung. In sein Zuständigkeitsportfolio gehören auch Teile der Vereinsförderung im Land, ein wichtiger politischer Bereich.

Heute sieht er in der Anhäufung der Aufgaben und Kompetenzen »einen großen Vertrauensvorschuss des Landeshauptmannes« ihm gegenüber. »Vom ersten Augenblick an war ich für die Vorbereitung der Landtagssitzungen, die für den Landeshauptmann sehr wichtig waren, verantwortlich. Auch die Personalförderung und die Personalentwicklung in der Landesverwaltung, die Nachbesetzungen, die Pensionierungen, all das habe ich gemacht.«

Nur drei Wochen nach Arbeitsbeginn im Niessl-Büro gilt es für Hans Peter Doskozil die Landtagssitzung vorzubereiten. »Ich wusste nicht, welche Probleme es gab. Ich war völlig auf mich alleine gestellt, was ich ja in jedem Job vorher war. Aber diesmal habe ich einen größeren Druck verspürt, der auf mir lastete.«

Hans Peter Doskozil kniet sich in die neuen Aufgaben hinein, wie es nun einmal seine Art ist, und baut rasch eine enge, vertrauensvolle Beziehung zu Landeshauptmann und SPÖ-Chef des Burgenlandes, Hans Niessl, auf. »Wir haben uns persönlich sehr gut verstanden. Ich konnte sehr viel selbst entscheiden, weil ich auch wusste, wie der Landeshauptmann tickt, welche Grundeinstellungen und Überlegungen er hat. Vieles ist direkt zwischen mir und dem Landeshauptmann gelaufen. Für mich war fast in jeder Situation klar, was er sagen und wie er entscheiden würde.« Eine perfekte Beziehung.

Dieses enge Vertrauensverhältnis wird nach der Landtagswahl am 30. Mai 2010 noch weiter vertieft[11]. Hans Peter Doskozil ist nach der Wahl häufig in Wien, um politische Entscheidungen für den Landeshauptmann vorzubereiten, Inhalte zu sondieren, Kontakte zu knüpfen und um nebenbei auch alte Freunde zu treffen.

Wie das dritte Aufnahmezentrum in Eberau verhindert wird

Zufällig, bei einem Telefonat mit einem ehemaligen Kollegen aus dem Innenministerium, erfährt er von einem bislang geheim gehaltenen Plan des Ministeriums: Ganz nebenbei erwähnt der Kollege, dass ein leitender Beamter des Ministeriums im Sommer 2010 im Südburgenland war. Während einer Kaffeepause im Amt habe er begeistert von den günstigen Grundstückspreisen in der Region erzählt, nur fünf Euro soll ein Quadratmeter kosten. Wofür er die Grundstückspreise allerdings erkundet hatte, berichtet der Beamte seinem Kollegen nicht.

»Bei mir haben dann alle Alarmglocken geläutet.« Hans Peter Doskozil versteht sofort die politische Brisanz dieser Information. Für die burgenländische Landesregierung hat diese Information weitreichende Konsequenzen. Plötzlich erinnert er sich, dass es bei der Landeshauptleute-Konferenz Diskussionen über ein drittes Erstaufnahmezentrum gegeben habe. Der damalige Landeshauptmann von Niederösterreich, Erwin Pröll (ÖVP), hat Druck für die Errichtung eines solchen Zentrums gemacht. Gleich einem Puzzlespiel setzt Hans Peter Doskozil die Teile zusammen. Das Bild ist schnell erkennbar: Das ÖVP-geführte Innenministerium unter Maria Fekter schickt den dafür zuständigen Bereichsleiter ins Burgenland, um einen günstigen Standort für den Bau eines dritten Erstaufnahmezentrums zu eruieren[12]. »Durch einen Zufall habe ich erfahren, was in Eberau, so heißt der Ort im Süden des Burgenlandes, geplant ist.« Umgehend setzt Büroleiter Doskozil seinen Chef, den Landeshauptmann, in Kenntnis.

Der Spitze der Landesregierung in Eisenstadt ermöglicht diese Information, strategische Schritte einzuleiten. Gleich nach der Sommerpause wird in der ersten Landtagssitzung im September 2010 das Raumplanungsgesetz geändert: Künftig ist für gewisse Kategorien von Gebäuden eine eigene Flächenwidmung vorgesehen. Jedes Landesgesetz braucht allerdings auch die Zustimmung des Bundes. Der Bund kann sich auch verschweigen, was im Fall des neuen burgenländischen Raumplanungsgesetzes passiert. »Das Innenministerium hat natürlich gemerkt, was die Landesregierung in Eisenstadt plant. Das neue Raumordnungsgesetz tritt Ende 2010 in Kraft, das Innenministerium kommt unter Druck«, erzählt Hans Peter Doskozil. Hinter den Kulissen laufen bereits die Vorbereitungsarbeiten für den Bau des Erstaufnahmezentrums. Mit dem Bürgermeister von Eberau, einem ÖVP-Politiker, ist das Projekt akkordiert, das Ministerium bekommt die Baubewilligung der Gemeinde am 21. Dezember 2010. Doch der Bürgermeister begeht einen Formfehler, er versäumt es, die Stellungnahme des Umweltanwaltes einzuholen. »Durch das Raumordnungsgesetz konnten wir die Bewilligung beeinspruchen«, betont Hans Peter Doskozil. »Wir haben die Bescheide aufgehoben und vor dem Höchstgericht Recht bekommen.« Die

Errichtung des Erstaufnahmezentrums in Eberau wird somit verhindert.

Hans Peter Doskozil verschweigt nicht, dass es für Eberau, einen Ort mit rund 800 Einwohnern, nicht verkraftbar gewesen wäre, möglicherweise bis zu 3.000 Flüchtlinge aufzunehmen. Das sieht er heute noch genauso. Doskozil ist überhaupt der Meinung, dass man Aufnahmezentren gar nicht brauche. »Man könnte die Verfahren gesetzlich anders anlegen, dann würde man selbst die beiden bestehenden Aufnahmezentren Traiskirchen und Thalham nicht benötigen. Das muss man fairerweise sagen«, ist er überzeugt. Und wie könnte man es anders anlegen? »Das Asylgesetz müsste man dahingehend verändern, dass das Zulassungsverfahren dezentral in den Asylämtern erfolgt. Die Menschen, die um Asyl ansuchen, könnten nach der Registrierung sofort in die Grundversorgung in die Bundesländer kommen. Das Bundesamt für Fremdenwesen und Asyl, das es in jedem Bundesland gibt, prüft, ob eine Person zum Asylverfahren zugelassen ist oder nicht«, skizziert er seine Vorstellungen eines Asylverfahrens.

Mitten in die Eberau-Geschichte fällt die Beförderung von Hans Peter Doskozil zum Büroleiter von Landeshauptmann Hans Niessl. Anfang September 2010 übernimmt er diese politische Management-Funktion und behält sie bis Anfang September 2012. Dann steht erneut ein beruflicher Wechsel an.

Landespolizeidirektor des Burgenlandes

Der Ausstieg aus der Politik und der Aufstieg zum obersten Sicherheitschef des Burgenlandes bahnen sich langsam an. »Strukturveränderungen passieren nicht von einem Tag auf den anderen«, sagt Hans Peter Doskozil. Das Innenministerium setzt auf Länderebene Reformen durch, Funktionen werden zusammengeführt: Drei Führungskräfte – der Polizeidirektor, der Sicherheitsdirektor und der Landespolizeikommandant – werden fusioniert, der Landespolizeidirektor ist nun der oberste Sicherheitschef.

Durch seine Zeit im Innenministerium und die politische Tätigkeit als Büroleiter von Landeshauptmann Niessl ist Hans Peter Doskozil bestens vernetzt. Er wird von einem Kabinettsmitarbeiter der Innenministerin auf den Job angesprochen. Begeistert ist er nicht, er winkt zunächst ab, weil ihm die Aufgabe als Büroleiter von Niessl gefällt. Als Favorit für diesen Posten gilt Erhard Aminger, der damalige Sicherheitsdirektor des Burgenlandes und SPÖ-Vizebürgermeister von Loipersbach. Aminger wird aber Opfer einer anonymen – und wie sich später herausstellte, nicht stichhaltigen – Anzeige wegen Amtsmissbrauchs bei Staatsbürgerschaftsverleihungen. Im Innenministerium verfestigt sich dadurch die Ablehnung des Sozialdemokraten Aminger. Andere Kandidaten gibt es nicht.

Am letzten Tag der Frist schickt Hans Peter Doskozil in Absprache mit seinem Chef, Landeshauptmann Niessl, seine Bewerbung ab. Er kommt zum Zug, seine Bestellung braucht die Zustimmung des Landeshauptmannes, und die hat er.

Am 1. September 2012 wird Hans Peter Doskozil Landespolizeidirektor des Burgenlandes. Insgesamt sind ihm in dieser Führungsfunktion rund 1.700 Personen untergeordnet, davon mehr als 1.500 Polizistinnen und Polizisten. Von nun an trägt er die dunkelblaue Uniform, so wie alle anderen Polizisten.

Die neue Aufgabe geht er mit Elan an: »Wenn ich etwas mache, dann mache ich es mit vollem Einsatz«, verrät er bei einem unserer Gespräche.

III.

Manager der Flüchtlingskrise 2015

> *»Ich war immer draußen, und ich habe alle Entscheidungen vor Ort getroffen.«*

Es ist ein Routinetermin an diesem Donnerstag, dem 27. August 2015. Innenministerin Johanna Mikl-Leitner besichtigt die Flüchtlingssammelstelle in Nickelsdorf. Der Rundgang mit der ÖVP-Politikerin ist gerade vorbei, als das Handy von Hans Peter Doskozil läutet. Die Nachricht, die ihn kurz vor 11.30 Uhr erreicht, lässt den Polizeidirektor des Burgenlandes für einen kurzen Augenblick erstarren: An der Ostautobahn öffnet einer seiner Kollegen einen Kühl-Lkw voller Leichen. Ein Lastkraftwagen mit 71 Toten, darunter vier Kinder, ist aufgebrochen, die Lenker des Fahrzeuges sind längst geflüchtet und haben sich auf und davon gemacht. Der Transporter ist in einer Pannenbucht auf der Ostautobahn A4 bei Parndorf im Burgenland abgestellt. Die geschleppten Flüchtlinge, die nach Deutschland gelangen wollten, sind im luftdicht abgeschlossenen Laderaum schon am Vortag erstickt, auf ungarischem Staatsgebiet.

Hans Peter Doskozil reagiert sehr gefasst, er agiert ausgesprochen rational: »Ich habe in meinem Kopf sofort umgeschaltet, die emotionale Belastung vorerst weggeschoben. Für mich ging es nur darum, sofort zu handeln und zu entscheiden, wer was macht«, rekonstruiert er den schwersten Einsatz und Ermittlungsfall seines

Lebens. Er muss die vielen Opfer identifizieren lassen und die Täter überführen. »Diese Aufgabe war sehr belastend. Das war absolut keine alltägliche Amtshandlung.«

Fast zwei Jahre später denkt Hans Peter Doskozil immer noch an dieses Ereignis. »Als Polizist muss man – ähnlich wie ein Arzt – Distanz wahren, darf Ereignisse, so tragisch sie sind, nicht an sich heranlassen, sonst brennt man aus und packt den Job nicht mehr. Ich habe es als Polizist immer geschafft, diese Distanz zu wahren, auch schlimmste Dinge nicht an mich heranzulassen – bis zu diesem einen Tag.« Dieser eine Tag veränderte vieles: »Wenn ich an Parndorf erinnert werde, so wie jetzt bei diesem Gespräch, dann muss ich immer an die Mutter denken, die im hinteren Teil der Ladefläche saß – mit ihrem Kleinkind im Arm. Es war ohne Zweifel eines der schrecklichsten Verbrechen, ein Verbrechen, das ich niemals vergessen werde.«

Nach dem Anruf, der ihn in Nickelsdorf an der Seite der Innenministerin erreicht, steigt er sofort in den Wagen und fährt in sein Büro nach Eisenstadt. Mikl-Leitner folgt ihm. Während der Fahrt telefoniert er ununterbrochen, von unterwegs gibt er die ersten Anweisungen, es kommt auf jede Minute an. »Der Lkw muss von der Autobahn weggebracht werden, er kommt in die Veterinär-Dienststelle am Grenzübergang Nickelsdorf. In dieser Einrichtung, die seit der Grenzöffnung nicht mehr benützt wird, muss die Kühlanlage reaktiviert werden.« Es folgen Gespräche mit der Staatsanwaltschaft. »Mir war wichtig, mein Team richtig einzusetzen. Es gab von mir auch die strikte Vorgabe, keine Medien am Ort zu haben und keine Fotos zuzulassen.« Letzteres wurde von der Polizei selbst nicht eingehalten, »ein Foto ging über polizeiliche Kanäle hinaus an ein Medium«, ärgert sich Doskozil noch heute über diesen Vorfall. Ein von dieser Zeitung veröffentlichtes Foto, das einen Berg toter Körper auf der Ladefläche des Lkw zeigt, beschäftigt den Presserat. Das Innenministerium kündigt Untersuchungen an, wie es zur Veröffentlichung des Bildes überhaupt kam.

Mit rasendem Tempo laufen die Ermittlungen an, um 13.00 Uhr gibt es die erste Pressekonferenz des burgenländischen Polizeidirektors, er muss das Unfassbare referieren. »Die Informationen waren noch spärlich, aber mir war wichtig, die Öffentlichkeit über alles, was bisher bekannt war, in Kenntnis zu setzen. Offenheit und Transparenz waren und sind für mich das oberste Prinzip«, erinnert er sich. An der Pressekonferenz nimmt auch Innenministerin Mikl-Leitner teil, sichtlich schockiert. Von einem Zettel liest sie eine kurze Erklärung ab. »Obwohl die Ministerin an sich robust ist, war sie schon mitgenommen«, erinnert sich Doskozil. Mitgenommen sind an diesem Tag alle Beteiligten.

Ist es Zufall? Oder Schicksal? Oder ein Wink? Zeitgleich mit der Entdeckung des schrecklichen Verbrechens – ausgelöst von skrupellosen Schleppern – tagen im Redoutensaal der Wiener Hofburg auf Einladung von Bundeskanzler Werner Faymann Europas Regierungschefs, viele Außenminister, der für Erweiterung und Nachbarschaftspolitik zuständige EU-Kommissar, Johannes Hahn, sowie EU-Chefdiplomatin Federica Mogherini.

Bei der Westbalkan-Konferenz geht es hauptsächlich um die Frage, wie der Flüchtlingsstrom von Griechenland nach Mitteleuropa eingedämmt werden könne. Inmitten der Beratungen platzt die Meldung über den Kühl-Transporter mit den vielen toten Flüchtlingen. Die EU-Granden sind plötzlich konfrontiert mit der Realität. Die Entfernung zwischen dem noblen Tagungsort und dem schrecklichen Fundort: 50 Kilometer. Zu weit, als dass der Leichengeruch die prunkvollen Räume der Wiener Hofburg erreichen könnte. Zu nah aber, um weiterhin über das Flüchtlingsthema als technisches Problem zu diskutieren. »Täglich sterben Migranten im Mittelmeer. Und jetzt auch bei uns«, sagt ein Gipfelteilnehmer schockiert. Die EU-Politiker, von Bundeskanzlerin Angela Merkel bis Gastgeber Werner Faymann, sind fassungslos. »Menschen, die versuchten, ihr Leben durch Flucht zu retten, haben ihr Leben in den Händen von Schleppern verloren«, beklagt Faymann[13] bei der Pressekonferenz. Es gebe aber die Verantwortung, Menschen in Not auch Asyl zu geben, betont er. Scharf verurteilt er Schlepperbanden, die kriminell handeln und am Leid von Flüchtlingen verdienen. Bei der Pressekonferenz betont auch die deutsche Bundeskanzlerin Angela Merkel, dass der Vorfall auf der Ostautobahn die EU-Politiker mahnt, »das Thema Migration im europäischen Geist anzugehen, und auch Lösungen zu finden«[14]. Große Worte. Bis heute hat sich nahezu nichts geändert.

Dem burgenländischen Polizeidirektor geht es nicht um Ankündigungen und Versprechen, er handelt, wo die Not am größten ist. Täglich kommen neue Details über die Tragödie ans Tageslicht, Hans Peter Doskozil ist fast Tag und Nacht im Einsatz. Seit diesem Tag, dem 27. August 2015, ist er in ganz Österreich und darüber hinaus bekannt. In den Nachrichten im Hauptabendprogramm erklärt er den Fernsehzusehern detailgenau, wie die Untersuchungen verlaufen, dass die Schlepper gefasst sind, und was sonst noch täglich an der Grenze passiert. Viele internationale Journalistinnen und Journalisten suchen um Interviews an, sie wollen aus erster Hand über die Hintergründe der Tat mit den vielen Toten erfahren. Und nicht nur das, am Balkan sind Migranten Richtung Mitteleuropa unterwegs.

Der Fall Parndorf macht Hans Peter Doskozil nicht nur in den Medien, sondern in der breiten Öffentlichkeit als Erklärer der Flüchtlingskrise bekannt. In seinem Büro in Eisenstadt gibt er einen Tag nach dem Drama auf der Ostautobahn erneut eine Pressekonferenz, Innenministerin Johanna Mikl-Leitner ist ebenfalls anwesend. »Im Lkw befanden sich 59 Männer, acht Frauen und vier Kinder, das jüngste davon, ein Mädchen, ist zwischen ein und zwei Jahre alt. Bei den anderen drei minderjährigen Opfern handelt es sich um acht- bis zehnjährige Buben. Bei einem der Toten wurde ein syrisches Reisedokument gefunden«, nennt Doskozil einige Details.

Er gibt auch Auskunft über die in Ungarn verhafteten Personen, »die vermutlich als Schlepper für das Drama verantwortlich sind«[15]. Angeklagt sind elf Männer, Bulgaren und Afghanen, ihnen werden

31 Schleppungen zwischen Februar und August 2015 angelastet. Die österreichischen Behörden gehen davon aus, dass Ungarn die Tatverdächtigen ausliefern werde.

Knapp zwei Jahre wartet die Öffentlichkeit, bis die Verbrecher in Ungarn vor Gericht gestellt werden. »Es hat leider sehr lange gedauert. Ich bin froh, dass die Täter endlich zur Verantwortung gezogen werden können. Sie sollten hart und konsequent bestraft werden«, erklärt Hans Peter Doskozil im Sommer 2017.

Was bleibt von Parndorf? »Parndorf hat bewirkt, dass plötzlich nicht nur Österreich, sondern der ganzen Welt klar wurde, dass Schlepperei kein Kavaliersdelikt ist. Das ist ein Verbrechen. Unschuldige, hilfsbedürftige Menschen werden ausgenützt und abgezockt. Ihnen wird ein rosiges Leben versprochen in Europa, das es so nicht gibt. Und ihr Leben, auch das von Kindern, wird aufs Spiel gesetzt. Die Schlepper-Kriminalität hat Mafia-Strukturen. Es muss das Ziel sein, an die großen Fische heranzukommen, an jene, die sich die Hände nicht schmutzig machen, aber daran Millionen verdienen. Das gelingt nur mit einem hohen Grad an internationaler Zusammenarbeit und nachrichtendienstlichen Informationen«, sind die Lehren des Verbrechens im Kühl-Lkw.

Nach dem Vorfall in Parndorf gehen die Schlepper-Aktivitäten nicht zurück. Am 4. September 2015 nimmt der Landespolizeidirektor, wie immer in dunkelblauer Uniform und aufgekrempelten Hemdsärmeln, vor zahlreichen TV-Kameras, Mikrofonen und nationalen sowie internationalen Medienvertretern erneut Stellung: »Die erstickten Flüchtlinge kamen aus Syrien, dem Irak und aus Afghanistan.« Er sagt auch, was Behörden bisher unter Verschluss gehalten haben. Am 27. August 2015 gelang es in der Nähe von Parndorf 81 Menschen, sich aus einem Lkw und einer lebensbedrohlichen Situation zu befreien. Für das Verbrechen wird dieselbe Tätergruppe verantwortlich gemacht wie im Fall der erstickten Migranten.

Vor der Pressekonferenz inspiziert Doskozil die Veterinär-Dienststelle in Nickelsdorf, wo die Leichen identifiziert und für den Transport in die Gerichtsmedizin nach Wien vorbereitet worden sind. Ein grauenhaftes Bild. »Das war schon sehr hart für mich, eine wirklich belastende Situation. Der Leichengeruch war überall. Ich habe an die toten Kinder gedacht. Um das aushalten und darüber reden zu können, braucht man einen gewissen Abstand, sonst kann man das nicht objektiv tun. Ich musste einen persönlichen Schutzschirm um mich herum aufbauen«, erzählt Hans Peter Doskozil über seinen Umgang mit dem Flüchtlingsverbrechen und seine Folgen.

Wochenlang dauert die von der Justiz im Auftrag gegebene Obduktion der Leichen, bis sie endgültig identifiziert sind: Am 26. November 2015 informiert Hans Peter Doskozil erneut die Presse: 70 der 71 Toten seien identifiziert, 21 stammen aus Afghanistan, 29 aus dem Irak, 15 aus Syrien und fünf aus dem Iran. Einige von ihnen wurden auf dem islamischen Friedhof in Wien-Liesing begraben.

Höhepunkt der Flüchtlingskrise: Am 4. September 2015 kommen 10.000 Flüchtlinge in einer Nacht in Nickelsdorf an

Nach dem Flüchtlingsdrama auf der Autobahn erwartet Hans Peter Doskozil gleich die nächste große Herausforderung. Am Freitag, den 4. September 2015, ist er am Abend länger als üblich in seinem Büro in Eisenstadt. Gegen 21.00 Uhr läutet sein Handy: »Ein Freund ruft mich an und erzählt mir, dass er eben in einem ungarischen Radiosender gehört habe, dass am Budapester Bahnhof Flüchtlinge Dutzende Züge und Busse besteigen und losfahren. ›Das kann ich mir nicht vorstellen‹, erwiderte ich. Ich habe den ganzen Tag über nichts gehört, es war ein ganz normaler Arbeitstag. Wir hatten an diesem Abend einen Verkehrsschwerpunkt der Polizei in der Gegend bei Nickelsdorf.«

Die Nachricht lässt den obersten Polizeiboss des Burgenlandes nicht zur Ruhe kommen. Er will wissen, was wirklich los ist.

»Ich habe im Innenministerium angerufen und den Bereichsleiter für das Fremdenwesen gefragt, ob er etwas weiß. Er wusste von nichts und konnte die Nachricht ebenso wie ich nicht glauben.«

Es ist offensichtlich, dass »Ungarn seinen österreichischen Nachbarn nicht informiert hat, obwohl das Innenministerium einen Attaché an der Botschaft in Budapest stationiert hatte«. Nochmals erkundigt sich Hans Peter Doskozil bei seinem Freund, ob denn seine Informationen tatsächlich stimmen würden. »Er sagte mir eindringlich: Ja, sie stimmen, er habe es gehört und mittlerweile die Bilder im Fernsehen gesehen. Noch einmal habe ich im Innenministerium angerufen, in der Zwischenzeit wurde der Attaché informiert. Schließlich bestätigte der Diplomat in Budapest, dass die Radiomeldung den Tatsachen entspricht.«

Blitzschnell aktiviert Hans Peter Doskozil seine Beamten und macht sich auf den Weg von Eisenstadt nach Nickelsdorf. »Gegen Mitternacht kam ich an. Es war kühl, und es hat geregnet. Mir war sofort klar, dass Grenzkontrollen in diesem Fall nicht möglich gewesen wären. Die Frage war, wo bringen wir die Leute unter? Wir hatten das Glück, dass wir die Nova-Rock-Halle und den Bahnhof in der Nähe hatten.«

Hans Peter Doskozil fährt sofort auf die ungarische Seite. Dort warten schon Dutzende Medienleute und Vertreter von NGOs. Die ungarische Polizei gibt sich zugeknöpft. »Die Polizisten taten so, als ob sie absolut nichts wüssten. Ich versuchte mit dem Polizeidirektor von Györ zu telefonieren, er war nicht erreichbar.«

Zufällig erfährt Doskozil, dass rund 127 Busse voll mit Flüchtlingen bald ankommen würden, auch Züge würden am Bahnhof Nickelsdorf erwartet. Rasch vereinbart er mit der Verkehrsabteilung, dass Busse beschafft werden müssen, auch die Österreichischen Bundesbahnen werden informiert und aktiviert. Hans Peter Doskozil kennt den Disponenten von dem Bus-Unternehmen Dr. Richard. Er ruft ihn an und ordert »so viele Busse, wie nur möglich, um die Flüchtlinge weiter transportieren zu können. Ich wusste, die Flüchtlinge bleiben nicht, und wir können sie auch nicht halten. Die Grenze zu schließen, das hätte in dem Fall nicht funktioniert und nur zu einer gefährlichen Eskalation geführt. Wir waren ja auf die Situation nicht vorbereitet.«

Diese Aussage Doskozils ist der vorweggenommene Kommentar zu den Entwicklungen, die dann folgen und den Herbst 2015 bestimmen: Der Flüchtlingsstrom Richtung Europa schwillt immer mehr an. Längst kommen die Menschen nicht mehr nur in Booten nach Italien. Auch in Griechenland füllen sich die Unterkünfte mit syrischen und irakischen Kriegsflüchtlingen, die von der Türkei kommend auf griechischen Inseln landen. Vom Festland aus machen sich Hunderttausende Flüchtlinge über die Balkanroute auf den Weg Richtung Ungarn, Österreich, Deutschland und Schweden. Die Flüchtlingskrise wird zum beherrschenden Thema in Brüssel, Berlin und Wien. Für theoretische Analysen der Situation und Kritik an Versäumnissen der EU-Institutionen und der Mitgliedsländer bleibt im Herbst 2015 keine Zeit. Hans Peter Doskozil agiert und entscheidet, wie er es gewohnt ist: rasch, rational und effizient. In Nickelsdorf ist alles bereit für die Versorgung der Flüchtlinge. Busse und Züge für die Weiterreise sind angefordert, der Landespolizeidirektor kümmert sich auch um Unterkünfte. In der Halle des Nova-Rock-Festivals in der Nähe von Nickelsdorf können einige Hunderte Menschen vorübergehend schlafen, auch am Bahnhof werden sie untergebracht.

Gegen 5.00 Uhr morgens kommen die Reisebusse und Sonderzüge aus Budapest an, sie halten auf der ungarischen Seite. »Die Leute drängten aus den Fahrzeugen und liefen kreuz und quer über die Wiese. Wir haben sie dann zum Polizeigebäude geleitet, wo sie Tee bekamen und beruhigt wurden.« Bis sie erneut Busse, Züge und Taxis bestiegen, um weiterzukommen. »Alle riefen ›Germany, Germany, Germany‹.« Durchschnittlich haben zwei von 100 Neuankömmlingen in Österreich um Asyl angesucht, sagt der burgenländische Polizeidirektor, der Rest ist nach Deutschland weitergereist, viele auch nach Schweden.

Mehr als 10.000 Flüchtlinge stürmen in den frühen Morgenstunden die österreichisch-ungarische Grenze in Nickelsdorf, sie müssen erstversorgt und weiter transportiert werden. Bei all diesen unübersichtlichen und chaotischen Ereignissen ist einer ständig präsent: Hans Peter Doskozil moderiert und organisiert fortan die angespannte Lage mit seiner ruhigen Art und mit gefasster Stimme. Nie zeigt er Nervosität. Stress lässt er sich nicht anmerken. Der Mann an vorderster Front wird via Flachbildschirm zum Dauergast in Österreichs Wohnzimmern. Wegen seiner klaren Worte und offenen Art wird er bei Medienvertretern immer beliebter. In zahlreichen Pressekonferenzen und Interviews gibt er Auskunft über die Organisation der Flüchtlingsaufnahme, lässt Einblick gewähren in sämtliche Aufgaben.

Zur Regierungsspitze in Wien hat er in diesen ersten Stunden des Flüchtlingsandranges keine Verbindung. »Erst in den Tagen danach war ich mit Minister Josef Ostermayer in Kontakt. Es ging in erster Linie um die Weiterreise der Flüchtlinge. Sieben Wochen hat der Ansturm im Burgenland gedauert. Dann war es vorüber.«

Bevor Ungarn beginnt, seine Grenze zu Serbien zu schließen und einen mächtigen 180 Kilometer langen und mehrere Meter hohen Stacheldraht-Zaun zu bauen, bekommt Hans Peter Doskozil plötzlich hohen Besuch aus Wien. Bundeskanzler Werner Faymann und Nationalratspräsidentin Doris Bures reisen an, um sich ein persönliches Bild von der Flüchtlingssituation an der Grenze zu machen. Ohne Ankündigung fährt einige Tage später auch ÖVP-Vizekanzler und Wirtschaftsminister Reinhold Mitterlehner vor. »Er ist ganz alleine ohne Begleitung gekommen«, erinnert sich der ehemalige Polizeidirektor. Auch burgenländische Politiker schauen immer wieder vorbei, um sich ein Bild vor Ort zu machen.

Mit seiner eigenen, kreativen Art, den Flüchtlingsansturm zu lenken, bricht Hans Peter Doskozil sämtliche Regeln und Strategien eines klassischen Krisenmanagements, wie es in Lehrbüchern und Handlungsanleitungen beschrieben wird. »Normalerweise hätte es einen Krisenstab in Eisenstadt geben sollen, ich wäre der Chef des Krisenstabes gewesen. Ich habe mir aber nicht vorstellen können, dass ich im Büro in Eisenstadt sitze und nicht vor Ort bin, nichts von dem sehe und wahrnehme, was sich wirklich abspielt. Ich war so gut wie nie im Büro, ich machte auch keine Videokonferenzen, weil sie in dieser Situation wertlos und unnötig waren. Ich war immer draußen, und ich habe alle Entscheidungen vor Ort getroffen.«Deutliche Kritik übt Doskozil im Nachhinein an den ungarischen Behörden. »Mit den Ungarn gab es eigentlich früher immer eine gute Kommunikation, doch das hörte im Zuge der Flüchtlingskrise abrupt auf. Ich bin dann selbst nach Ungarn gefahren, habe aber in den Gesprächen gemerkt, dass mir die ungarischen Kollegen nichts sagen wollen oder dürfen. Wir wussten nie, was ungarische Behörden planten. Wir rechneten immer mit dem Worst-case-Szenario«, sagt der Landespolizeidirektor. Das Gerücht, dass in Ungarn Flüchtlingscamps geöffnet werden könnten, »das habe ich sehr ernst genommen«, und das passierte auch.

Eine große Hilfe für den Polizeiboss sind Bundesheersoldaten, die am 17. September 2015 anrücken. »Sie haben ein System in die Massen von Flüchtlingen hineingebracht. Es waren ja rund 10.000 Menschen, die täglich angekommen sind, einmal waren es sogar an die 20.000 Migranten. Wir wussten ja nie, wie viele kommen. Selbst für geschulte Führungspersönlichkeiten und Einsatzkommandanten war das eine enorme Herausforderung«, erzählt Hans Peter Doskozil.

An dieser unbeschreiblichen Herausforderung und Leistung ist Hans Peter Doskozil – gemeinsam mit seinem Team – auch gewachsen. Sein Management der Flüchtlingskrise findet Anerkennung und bald wird sein Name immer häufiger in Medien und den einflussreichen Zirkeln in Wien mit einem Ministeramt in Verbindung gebracht. In der Zeitspanne von Anfang September bis Oktober 2015 kommen die Flüchtlinge hauptsächlich an der österreichisch-ungarischen Grenze in Nickelsdorf an. Bald entwickeln sich die Grenzübergänge in der Steiermark (Radkersburg und Spielfeld) mehr und mehr zu Ausweichrouten.

Dort hat das Grenzmanagement im Gegensatz zum Burgenland überhaupt nicht funktioniert. Während im Burgenland alles geordnet und gut organisiert ablief, zeigte sich vor allem in Spielfeld immer wieder ein Bild des Chaos. Besonders einprägsam war vor allem die Szene, als Flüchtlinge die Polizei- und Bundesheerkräfte, die dort stationiert waren, einfach überrannt haben. Die Staatsgewalt war völlig machtlos. Für Doskozil war klar: »So ein Bild darf es nie mehr in Österreich geben.« Die Flüchtlinge wollten zumeist nicht in Österreich bleiben, nahezu alle hatten Deutschland als Ziel.

Angela Merkel: »Wir schaffen das«

Hat die Parole von Angela Merkel »Wir schaffen das«[16], den Flüchtlingsstrom angeregt? Haben Selfies mit der Kanzlerin weitere Flüchtlinge geradezu eingeladen?

»Diese Aussage hat sicher zur Folge gehabt, dass viele Flüchtlinge nach Deutschland wollten. Merkel sagte das auch im Kontext mit Brandanschlägen auf Flüchtlingsunterkünfte in Deutschland, die es zu diesem Zeitpunkt gab. Sie wollte zeigen, dass Deutschland ein anderes Gesicht hat«, interpretiert Hans Peter Doskozil die damalige Reaktion der deutschen Bundeskanzlerin im August 2015.

Doch die anfängliche Willkommenskultur in Österreich und Deutschland, die Anweisung, die Grenze zu öffnen und die Menschen einreisen zu lassen, ist nicht von Dauer. Schon im Herbst 2015 nehmen überall kritische Töne zu. Von einer Begrenzung der Zuwanderung ist die Rede. Viele Politiker fordern mehr europäische Solidarität bei der Aufnahme und bei der Verteilung von Flüchtlingen. In Brüssel entscheiden die EU-Innenminister Ende September 2015 mit qualifizierter Mehrheit, die verpflichtende Quote einzuführen, einen permanenten Verteilungsschlüssel für die Aufnahme von Flüchtlingen aus Griechenland und Italien, den vermeintlich am meisten betroffenen Staaten. Denn Ende 2015 wurde Bilanz gezogen und im sieben Mal so großen Italien gab es weniger Asylanträge als in Österreich. Die Quote sollte laut EU-Gesetz bis Ende 2017 erfüllt sein, doch die Mitgliedsstaaten sind weit davon entfernt. Die Visegrád-Länder (Ungarn, die Slowakei, Tschechien und Polen) legen sich von Anfang an quer. Die Regierungen in Budapest und in Bratislava haben gegen die Regelung Klagen beim Europäischen Gerichtshof in Luxemburg eingereicht. Als Retourkutsche startet die EU-Kommission am 13. Juni 2017 ein Verfahren gegen Ungarn, Polen und Tschechien, weil sie die Quote ignorieren.

Während die EU-Staaten nach einer Lösung für die Flüchtlingskrise ringen, Zäune bauen und Obergrenzen diskutieren – Österreich führt eine jährliche Obergrenze ein, 37.500 Asylwerber im Jahr 2016 – zeigen nicht nur Medien, sondern auch die SPÖ-Spitze immer stärkeres Interesse an Hans Peter Doskozil für höhere Weihen in Wien.

Der Chef-Polizist als Personalreserve der SPÖ

Schon wenige Tage nach dem ersten großen Flüchtlingsansturm am 4. und 5. September 2015 und dem Öffnen der Grenze für viele Tausende Migranten beginnen die Spekulationen über einen Wechsel von Hans Peter Doskozil in die Politik[17]. Von einer SPÖ-Karriere ist die Rede.

Noch Anfang August 2015 ist der Chef-Polizist außerhalb des Burgenlandes nur Sicherheitsexperten bekannt. Dann wird auf der Ostautobahn bei Parndorf ein Lkw mit 71 toten Flüchtlingen gefunden, wenige Tage und Wochen später strömen Hunderttausende Menschen durch Österreich, die Organisation der Ankunft der Flüchtlinge in Nickelsdorf und ihre Weiterreise leitet Hans Peter Doskozil. Im In- und Ausland ist er ein bekannter Gesprächs- und Interviewpartner. »Heute steht der Name Doskozil für souveränes Krisenmanagement, den richtigen Ton in Ausnahmesituationen und professionelle Polizeiarbeit«, heißt es in einem Porträt in der *Presse*[18]. Wichtigtuerei gehört absolut nicht zu seinem Habitus.

Auch die Politik erkennt rasch Doskozils organisatorisches, strategisches und politisches Talent. In der SPÖ gilt der damals 45-Jährige mittlerweile als Personalreserve für viele Ämter. Als Minister wird er gehandelt, auch als Nachfolger von Landeshauptmann Hans Niessl im Burgenland. An ihm prallen diese Gerüchte ab. Er wähnt sich zufrieden in seiner Aufgabe als burgenländischer Polizeidirektor. Bis Anfang Jänner 2016.

Kontakte zur Bundes-SPÖ und zu sozialdemokratischen Spitzenpolitikern hatte Doskozil schon länger. Josef Ostermayer kennt er viele Jahre – und an einen Empfang in Ostermayers Heimatgemeinde, im burgenländischen Schattendorf, erinnert er sich noch heute. Ostermayer ist Staatssekretär im Bundeskanzleramt, zuständig für Regierungskoordination und Medien unter der Regierung Faymann I, Doskozil ist zu diesem Zeitpunkt in der Sicherheitsdirektion in Eisenstadt. Im Haus der Familie Ostermayer kommen sich die beiden Burgenländer 2008 näher. Ab da kommt es immer wieder zu Begegnungen und einem Meinungsaustausch mit Ostermayer.

Als Leiter des Büros von Landeshauptmann Hans Niessl ist Josef Ostermayer sein Ansprechpartner im Kabinett von Bundeskanzler Werner Faymann. Im Wahlkampf 2013 – Sicherheit ist bereits ein wichtiges Thema – besuchen Faymann und seine rechte Hand, Ostermayer, die Dienststelle Nickelsdorf, für die Hans Peter Doskozil als neuer Landespolizeidirektor zuständig ist. Kein Wunder, dass sich die hohen Politiker aus Wien für den Grenzübergang interessieren. »Nickelsdorf gehört historisch gesehen zu den größten Grenzübergängen in Europa und war immer ein kriminalpolizeilicher Hotspot. Schleppungen und Diebstahl standen hier auf der Tagesordnung der polizeilichen Ermittlungen. Das gehörte in Nickelsdorf zum Standardprogramm.«

Nach der Schengen-Erweiterung um osteuropäische EU-Mitglieder fallen die Grenzkontrollen ab dem Jahr 2007 in Nickelsdorf[19] weg. Zeitgleich, im Dezember 2007, wird auch der Assistenzeinsatz des Bundesheeres an der ungarischen Grenze eingestellt. Im Sicherheitsinteresse des Burgenlandes wird aber noch ein Streifendienst aufrecht erhalten. Soldaten beobachten die Grenze und melden Vorfälle, Exekutivbefugnisse haben sie nicht. 2011 läuft auch dieser Streifendienst aus.

Im Herbst 2015 – nach dem Höhepunkt der Flüchtlingskrise – werden die Gespräche zwischen Hans Peter Doskozil und Bundeskanzler Faymann sowie Kanzleramtsminister Ostermayer intensiver. »Es gab immer wieder fraktionelle Sitzungen im Büro des Kanzlers, um Lösungen auf die Frage zu finden, wie der Flüchtlingsstrom gestoppt werden könne. Und wie lange die Kooperation mit Deutschland erhalten bleiben könne«. In der österreichischen Bevölkerung baut sich Druck auf, die Menschen verlieren das Vertrauen in die Handlungskompetenz der Koalitionsparteien. Die Mehrheit der Österreicher identifiziert sich in der Flüchtlingsfrage vor allem mit der FPÖ. Zu diesem Meinungsbild kommen Anfang Jänner 2016 gleich mehrere Meinungsforschungsinstitute. 77 Prozent der Befragten sind der Meinung, Österreich sei an der Belastungsgrenze bei der Flüchtlingsaufnahme angelangt[20]. Die Prognose für das Jahr 2015 liegt bei 95.000 Flüchtlingen, die in Österreich bleiben wollen.

Ende November 2015 wird in der ÖVP die Forderung nach einer Obergrenze für die Aufnahme von Flüchtlingen laut. Innenministerin Johanna Mikl-Leitner will eine Obergrenze »andenken«, weil sich diese faktisch ergeben werde, »denn weder das System noch die Bevölkerung dürfen überfordert werden«, sagt Mikl-Leitner[21]. ÖVP-Vizekanzler Reinhold Mitterlehner schließt sich der Position der Innenministerin an[22].

In der SPÖ sympathisieren noch einige mit dem Ansatz der deutschen Bundeskanzlerin Angela Merkel, deren Credo lautet, dass das Grundrecht auf Asyl keine Frage von Obergrenzen sei.

»Wir haben uns die Frage gestellt, welche Optionen gibt es für die Lösung der Flüchtlingsfrage?«, erzählt Hans Peter Doskozil über die vertraulichen Treffen im Kanzleramt. Wann genau Werner Faymann seinen Kurs in der Flüchtlingspolitik geändert habe – weg vom freundlichen Aufnahmeland hin zu restriktiven Maßnahmen – und damit auch die Abkehr von Angela Merkel eingeläutet hat, kann Doskozil nicht genau festmachen. »In den internen Diskussionen hat sich seine Richtungsänderung in der Flüchtlingsfrage schon vor Weihnachten 2015 abgezeichnet. Er hat immer wieder darauf verwiesen, dass die Verteilung der Flüchtlinge in der EU überhaupt nicht funktioniert und dass in Wahrheit drei Länder, nämlich Österreich, Deutschland und Schweden, das Asylrecht für die ganze EU schultern. Solidarität war ihm ein Anliegen, aber die anderen zogen nicht mit. Es war klar, dass wir das auf Dauer nicht stemmen können und sollen«, resümiert Doskozil. Er bemerkt aber auch, wie Werner Faymann unter enormem Druck von seiner deutschen Amtskollegin stand. »Er bekam Anrufe von Angela Merkel. Er versuchte sie zu überzeugen, öffentlich eine andere Linie in der Flüchtlingspolitik einzuschlagen. Deutschland profitierte ja massiv von den restriktiveren Maßnahmen, aber sie war nicht bereit, sich öffentlich zu äußern. Faymann hat den redlichen Weg eingeschlagen.« Die Flüchtlingskrise verstärkt das Bewusstsein in der Koalition und in der Opposition, mehr für Sicherheit zu tun, das heißt notwendigerweise auch, mehr in Sicherheit zu investieren. Am 16. November 2015 kommt es zu einem bahnbrechenden Beschluss im Nationalrat: Alle Fraktionen stimmen dafür, dass das Bundesheer aufgerüstet werden soll. Das Verteidigungsbudget wird erhöht – und das nach Jahren des Sparens und der Kürzungen für Ausgaben des Militärs. »Das war schon ein sehr starkes Signal, auch gegen den amtierenden Verteidigungsminister«, notiert Hans Peter Doskozil[23]. »Die eigene Fraktion stellte die Forderung auf, das Budget für das Bundesheer zu erhöhen. Die Unzufriedenheit mit der Ausstattung und der Performance des Heeres war nicht nur unter den Soldaten groß, sie hat selbst die Partei erfasst.«

Der Beschluss im Nationalrat für die Erhöhung des Verteidigungsbudgets ist für die SPÖ der deutliche Hinweis, an der Spitze des Ministeriums etwas zu ändern. Hinter den Kulissen wird überlegt, wie der amtierende Ressortchef von seiner Funktion abgezogen werden könnte. Das Window of Opportunity für den Wechsel im Verteidigungsministerium gibt es Anfang des Jahres 2016, als Sozialminister Rudolf Hundstorfer als SPÖ-Kandidat für die Wahl des Bundespräsidenten nominiert wird. Mit dem Abgang von Hundstorfer wird das Amt des Sozialministers frei. In der SPÖ kommt es zu einer größeren Rochade. Neuer Sozialminister wird der bisherige Verkehrsminister Alois Stöger. Auf seinen Posten rückt mit Hilfe der Gewerkschaft und der steirischen Parteifreunde Gerald Klug nach. Und Hans Peter Doskozil, der seit Monaten als Favorit für ein Ministeramt in Wien im Gespräch ist, kommt an die Spitze des Verteidigungsressorts. Er soll frischen Wind und neue Dynamik in die Sicherheitspolitik bringen – so wie er es zuvor in jedem seiner Jobs und besonders als burgenländischer Landespolizeidirektor auch getan hat.

IV.

Verteidigungsminister mit Visionen

»*Das Ressort hat
enormes Potenzial.*«

Um politische Probleme zu lösen und neue Herausforderungen anzupacken, denkt Hans Peter Doskozil gerne in langen Zeiträumen. So gar nicht perspektivisch denkt und handelt er, wenn es um ihn selbst geht, um seinen Beruf und seine Karriere.

Natürlich verfolgt er seit seinem Einsatz am Höhepunkt der Flüchtlingskrise an der österreichisch-ungarischen Grenze Medienberichte, die ihn als Polizeichef mit menschlichem Antlitz beschreiben, außerdem sei er inhaltlich kompetent und kommunikativ begabt. Nichts lag also näher, als den Mann mit Format für ein Ministeramt in Wien ins Gespräch zu bringen: Journalisten spekulierten darüber, aber auch Parteifreunde fragten ihn hinter vorgehaltener Hand, denn allen ist klar, im Regierungsteam von Bundeskanzler Werner Faymann gibt es eine riesige Baustelle, das Verteidigungsministerium.

»Ich habe einige Berichte gelesen, und ich bin auch angesprochen worden, aber ich habe mich nicht darum gekümmert. Als Landespolizeidirektor im Burgenland war ich zufrieden, ich habe mich wohl gefühlt«, erzählt Hans Peter Doskozil. Kennt man seinen bisherigen beruflichen Werdegang und seine Leidenschaft für den Beruf als Polizist, glaubt man ihm diese Antwort.

Doch Anfang Jänner 2016 ändert sich alles: Ein Wechsel von Eisenstadt nach Wien ist kein bloßes Gerücht mehr. Das neue Jahr beginnt für Hans Peter Doskozil mit einem Anruf aus dem Büro von Werner Faymann: Der SPÖ-Chef und Bundeskanzler ersucht ihn nach Wien zu kommen. Der Kanzler wolle persönlich mit ihm reden, heißt es am Telefon. Hans Peter Doskozil ahnt, worum es geht. Landeshauptmann Hans Niessl ist bereits im Bilde und weiß Bescheid. Er weiht den Landespolizeidirektor in das Job-Angebot ein, zwei, drei Tage vor dem Termin in Wien: »Er hat mir das sehr vorsichtig angedeutet.«

Bei dem Treffen mit Bundeskanzler Faymann in den ersten Jännertagen 2016 nimmt auch Kunst- und Kulturminister Josef Ostermayer teil. »Willst du Verteidigungsminister werden?«, fragt der Kanzler direkt und ohne Umschweife. Hans Peter Doskozil sagt sofort »Ja«. »Ich habe bei jedem Job immer spontan entschieden, so auch diesmal. Ich wusste gleich, dass es passt«, erzählt er über dieses für seinen Karrieresprung entscheidende Gespräch.

Positiv hat er in Erinnerung, dass Faymann und Ostermayer die Position vertreten hatten, den noch amtierenden Verteidigungsminister »nicht abschießen« zu wollen. »Dass er zu seinen Ministern gestanden ist, das hat den Bundeskanzler ausgezeichnet.«

Faymann, Ostermayer und Doskozil vereinbaren Stillschweigen über das Gespräch. Gesehen hat sie auch niemand, die Regierungsmitglieder, aber auch die Journalisten, sind in den Weihnachts- und Neujahrsferien.

Die Abmachung hält. Nichts dringt an die Öffentlichkeit – zumindest nicht bis Mittwoch, den 13. Jänner 2016. An diesem Tag wird die Regierungsumbildung, die gleich mehrere Ressorts betrifft, in den Medien bekannt. Anlass ist die Kandidatur von Sozialminister Rudolf Hundstorfer als SPÖ-Kandidat für die Wahl des Bundespräsidenten. Seit Monaten kursieren ja Gerüchte, Hans Peter Doskozil könnte Klug ablösen. Nach seinem vorbildlichen und engagierten Einsatz am Höhepunkt der Flüchtlingskrise im burgenländischen Nickelsdorf, gilt der Landespolizeidirektor längst als ministrabel. Und so ist es auch: Hans Peter Doskozil wird neuer Verteidigungsminister, ein cleverer Schachzug von Faymann. Die Entscheidung für Doskozil, der sich bei der Bewältigung des Flüchtlingsstromes national und international einen Namen gemacht hat und medial wochenlang im Rampenlicht gestanden ist, wird in der Öffentlichkeit und in allen österreichischen Medien positiv aufgenommen[24].

Mit dem damals 45-Jährigen kommt ein Troubleshooter in das Verteidigungsministerium. Er übernimmt die Führung des Bundesheeres, eine der größten Baustellen in der österreichischen Innenpolitik. Seine Berufung wird als »strategisch geschickt« bezeichnet. Doskozil habe im Umgang mit der Flüchtlingsbewegung und ihren Tragödien »souverän, mit Haltung und Würde reagiert«[25] urteilt eine Tageszeitung.

Das SPÖ-Präsidium bestätigt Hans Peter Doskozil am Freitag, den 15. Jänner 2016. Ausgestattet mit Vorschusslorbeeren, ist seine erste Reaktion auf diese Entscheidung und seinen Karrieresprung sachlich und sehr zurückhaltend. Ganz bescheiden sagt er nur, dass er »in ein paar Monaten an seiner Arbeit gemessen werden will«[26].

Ausgestattet mit fundiertem sicherheitspolitischen Wissen, Erfahrung im Umgang mit Pressevertretern und dialogbereit, packt er mit seiner unprätentiösen Art die neue Aufgabe im Verteidigungsressort an.

Gleich nach der Angelobung am 18. Jänner 2016 trifft Hans Peter Doskozil mit Generalstabschef Othmar Commenda und anderen hohen Militärs zusammen, um sich persönlich ein Bild vom Zustand des Hauses zu machen und die Anliegen der Militärs zu erfahren. »Von der ersten Minute an hat er den Kontakt zur militärischen Führungsspitze und zur Truppe gesucht«, erinnert sich ein Spitzenmilitär.

Hans Peter Doskozil begreift sehr schnell, was die Schwachstellen sind, und was das Bundesheer dringend braucht: Geld für die Erfüllung seiner Aufgaben und eine bessere Ausrüstung sowie – aufbauend auf dem seit jeher guten Ruf in der Bevölkerung – Anker für Hilfe, Stabilität und Sicherheit zu sein. Das Heer braucht ein neues Selbstbewusstsein und Selbstvertrauen, und dieses Image will Hans Peter Doskozil den Soldaten geben. »Er hat immer das Ohr bei der Truppe, er will immer wissen, was sie braucht, er vertraut den Soldaten«, erzählen hohe Militärs, fast ein wenig eifersüchtig, dass die Basis Doskozil so schätzt.

Pragmatisch, rational, mit einem fixen Plan, wie das Heer an die neuen sicherheitspolitischen Herausforderungen angepasst werden sollte, geht Hans Peter Doskozil an die Sache heran: »Ich habe einfach logisch überlegt: Was ist der Status quo? Wo liegen die Defizite? Was will ich kurz-, mittel- und langfristig erreichen? Was sind die rechtlichen Möglichkeiten? Was ist vertretbar – und was nicht? Mir war auch sehr bewusst, dass ich für Strukturreformen in beiden Bereichen, sowohl Verteidigung als auch Sport, Überzeugungsarbeit leisten muss. Nur so ist eine Veränderung möglich.« Und, was nicht unwesentlich in Zeiten zunehmender Bedrohungen ist, er verspricht eine gute Kooperation mit dem Innenministerium. »Konsensuale Zusammenarbeit ist mir wichtig«, lautet hier seine Botschaft[27] – und sie kommt an.

Als Benchmark dienen dem Verteidigungsminister die schnellen Entscheidungsabläufe in der Polizei und der ihm eigene Rhythmus, nämlich Tempo. Sein Elan und seine Dynamik bei der täglichen Arbeit und beim Umsetzen der Reformen werden angenommen, Doskozil wirkt motivierend: »Er hat ein neues Denken in das Militär gebracht. Er ist ein Mensch der Tat und der Aktion«, sagt Generalmajor Johann Frank, der sicherheitspolitische Direktor im Verteidigungsministerium. Um die Strukturreformen durchzusetzen und dem Bundesheer eine neue Ausrichtung zu geben, muss der Minister dringend die Finanzierungsfrage klären. »Das Bundesheer wurde von einem Sparprogramm zum anderen getrieben. Die Entwicklung des Heeres wurde von Budgetvorgaben bestimmt, und nicht von den objektiven Notwendigkeiten. Ich bin fest davon überzeugt, dass es zulässig sein muss, darüber zu diskutieren, wer welche Aufgaben mit welchen Mitteln in Österreich erledigen soll. Es handelt sich um Steuergelder, die effizient und angepasst an die neuen Entwicklungen und Bedrohungsszenarien eingesetzt werden sollen«, analysiert Doskozil.

Er sieht in einem sich ändernden Sicherheitsumfeld neue Herausforderungen auf das Bundesheer zukommen: »Das Bundesheer wird zu einer immer wichtigeren Institution: klassische Aufgaben der Landesverteidigung, Katastrophenschutz, Maßnahmen gegen Cyber-Kriminalität und Terrorgefahren, internationale Friedenseinsätze, regionale Kooperationen sowie die Teilnahme an der gemeinsamen EU-Sicherheits- und Verteidigungspolitik«, zählt Hans Peter Doskozil die Liste der Aufgaben auf. Die Frage »Wie kann man das Heer für diese Aufgaben fit machen, wie die Institution modernisieren und nachhaltig so festigen, dass man all das, was die Bevölkerung erwartet, auch abrufen kann?« treibt ihn um und wird zum bestimmenden Faktor seiner Politik.

Erkundigt man sich im Verteidigungsressort, wie der »Chef«, so wird der Minister bezeichnet, gesehen wird, gibt es von hohen Militärs, Berufssoldaten und Grundwehrdienern eine gleichlautende Antwort: »Er hat das Heer wieder belebt« und »Er nimmt sich der Soldaten an«, erklärt ein Anwärter für die Offiziersausbildung[28]. Ein Soldat aus dem Süden Österreichs mit Elite-Ausbildung beim Heer und Erfahrung in internationalen Einsätzen, ist stolz über den »guten Ruf«, den österreichische Soldaten im Ausland genießen. »Unser Jagdkommando ist weltweit anerkannt«, sagt er, ohne zu übertreiben. Offiziere finden es positiv, dass Verteidigungsminister Doskozil »ein Uniformträger ist und aus dem Sicherheitsbereich kommt. Das zählt in diesem Haus«.

Scharfe Kritik gibt es so gut wie keine, auch wenn man sich bei vielen Soldaten umhört. Konstruktive Vorschläge werden geäußert: »Der Minister könnte die Auslandseinsätze noch verstärken« oder »noch mehr Geld in moderne Geräte und Ausrüstung investieren«.

Noch heute erinnern sich Soldaten an Hans Peter Doskozil als Landespolizeidirektor beim Flüchtlingsansturm in Nickelsdorf im Herbst 2015. Sie haben ihn bei ihrem Einsatz an der österreichisch-ungarischen Grenze kennengelernt. Doskozil war damals nicht nur für die Polizei zuständig, ihm war auch die Kompanie des Bundesheeres untergeordnet. »Fachlich war das Bundesheer der Polizei unterstellt. Ich habe vor Ort die Polizei und das Bundesheer geleitet.«

Mit dem Wechsel von Gerald Klug zu Hans Peter Doskozil an der Spitze des Bundesheeres entspannt sich auch die Beziehung des Verteidigungsministeriums zum Innenministerium, konkret zu Johanna Mikl-Leitner (ÖVP), die das Ressort zu diesem Zeitpunkt führt. Damit wird auch das Asyl- und Migrationsthema »entkrampft«, berichten Beobachter. »Vom ersten Tag an war für mich die Linie klar, ich arbeite mit dem Innenministerium eng zusammen, weil Streit in der Flüchtlingsfrage nichts bringt«, betont Hans Peter Doskozil.

In der öffentlichen Debatte ist immer häufiger der Begriff »Sicherheitsministerium« zu hören, auch in Gesprächen mit Regierungskollegen spricht der neue Ressortchef vom »Sicherheitsministerium«. Das klingt nicht nur gut, sondern verfolgt auch ein taktisches und strategisches Ziel. »Für das Bundesheer war das sehr wichtig, und es wurde im Haus sehr positiv aufgenommen. Jahrelang musste das Heer finanzielle Kürzungen ertragen und den Gürtel enger schnallen, gleichzeitig bekam die Polizei mehr Geld. Das Bundesheer hat an Selbstwertgefühl verloren und sich nur mehr als Hilfsleister gesehen«, beschreibt Hans Peter Doskozil die anfänglich gedämpfte Stimmung in der Rossauer Kaserne, dem Sitz des Verteidigungsministeriums. »Alle, vom General bis zum Grundwehrdiener, hatten den Eindruck und waren davon überzeugt, das Bundesheer hat seine Bedeutung und seine Rolle im Staatsgefüge verloren.«

Vor diesem Hintergrund ist die Priorität Nummer 1 ganz klar: Mehr Geld für das Heer, lautet die Forderung. Der Verteidigungsminister weiß, wo er den Hebel ansetzen muss, um sein Ziel zu erreichen, nämlich bei den Ländern. »Draußen am Land« hat das Bundesheer bei Bevölkerung und Landespolitik einen hohen Stellenwert – auch aufgrund der Katastrophenhilfe, die das Heer leistet. Ein Besuchsreigen des Ministers folgt, reihum trifft er die Landeshauptleute, die zum Teil wütend sind, dass bei der Militärmusik eingespart werden soll und die Musiker des Bundesheeres bei offiziellen Anlässen nicht mehr auftreten können. Ein kultureller Verlust für Land und Leute, so sehen es viele. Völlig inakzeptabel finden die Landesfürsten, dass Kasernen, ein nicht unwesentlicher Wirtschaftsfaktor in den Regionen, geschlossen werden sollten. Die Soldaten erleben den Zustand hautnah: Die Militär-Lkw bleiben in der Garage, weil das Geld für den Treibstoff fehlt. Auch Munition ist Mangelware, Bundesheer-Übungen verkommen zur Lächerlichkeit. »Um das Verteidigungsbudget zu erhöhen, habe ich die Landeshauptleute als Verbündete ins Boot geholt. Das hat funktioniert.« Der Minister ist erfolgreich, seine Strategie geht auf: Der Haushalt für das Bundesheer wird bis zum Jahr 2020 um 1,3 Milliarden Euro erhöht, die elementaren Aufgaben des Heeres können somit finanziert werden. Ausgebaut und verstärkt wird auch das Milizsystem. Unterstützt wird Hans Peter Doskozil bei seinem Anliegen vom Milizbeauftragten des Bundesheeres, Brigadier Erwin Hameseder[29]. Der Raiffeisen-Manager sei ein sehr wichtiger Verbündeter, wenn es um die Interessen des Heeres geht, sagt der Minister.

Die Budgeterhöhung ist für den Verteidigungsminister aber nur ein Etappenziel: »Mittel- und langfristig muss das Heer budgetär so abgesichert und positioniert werden, dass es von den organisatorischen Abläufen nicht dauernd dem Budgetzwang unterliegt. Das Budget-Damoklesschwert kann nicht ständig über dem Heer schweben, davon müssen wir uns befreien.«

Hans Peter Doskozil nennt erstmals auch ein Ziel: »Das Budget des Bundesheeres sollte mit einem Prozent an das Bruttoinlandsprodukt gekoppelt sein. Damit würde Ruhe in das Haus einkehren und Planungssicherheit gegeben sein.«

Der Budgetvoranschlag weist für das Verteidigungsministerium im Jahr 2017 eine Summe von 2,3 Milliarden Euro aus, das sind 0,6 Prozent des Bruttoinlandsproduktes. Gegenüber 2016 ist das ein Anstieg von 246,4 Millionen Euro, knapp zwölf Prozentpunkte mehr.

Neben dem materiellen Aspekt schafft der Verteidigungsminister mit der Budgeterhöhung auch stimmungsmäßig eine Trendwende unter den Militärs: Die Stimmung geht nach oben, Wertschätzung nennt man diese Haltung. Damit schafft Doskozil für sich und für das Haus die Basis, ohne Aufstand Strukturveränderungen durchzusetzen und der Generalität sowie den Soldaten wieder eine klare Perspektive zu geben. Die Aus- und Fortbildung wird verbessert und modernisiert – das gilt für Grundwehrdiener, Offiziere und die Miliz. Das Militär bekommt mehr Forschungsmittel, um innovative Produkte zu entwickeln. »Ein Außenstehender verbindet mit dem österreichischen Bundesheer einfach nur Soldaten, aber das Bundesheer ist sehr viel mehr. Das Verteidigungsressort hat enormes Potenzial«, schwärmt Hans Peter Doskozil.

Dem Minister schwebt vor, die Sicherheitskompetenzen in Österreich neu zu ordnen. »Wir brauchen eine bessere Aufgabenverteilung, um bestmöglich Sicherheit garantieren zu können. Das erwarten sich die Menschen von den Sicherheitsinstitutionen.« Um das zu erreichen, müssten die Regierungsmitglieder über »ein faires Miteinander zwischen den Ressorts reden. Die Minister müssten über den Dingen stehen, sollten nicht ausschließlich auf den eigenen politischen Vorteil bedacht sein oder im Interesse ihres Verwaltungsapparates agieren, sondern sie sollten im Interesse des Staatsganzen handeln.« Kompetenzen, die derzeit auf verschiedene Ministerien verteilt sind, sollten – im Sinne von mehr Effizienz – zusammengelegt werden. So gibt es derzeit im Cyberbereich den strategischen Lead im Bundeskanzleramt, eine Cyber-Crime-Kompetenz im Innenministerium und eine Cyber-Defense-Kompetenz im Verteidigungsministerium. Hans Peter Doskozil schlägt vor, diese Kompetenzen inhaltlich und finanziell zusammenzuführen und gegebenenfalls auszulagern in eine Tochtergesellschaft oder in ein Institut. Hier könnte dann auch intensiv geforscht und Techniken weiter entwickelt werden, so wie das auch in Israel der Fall ist. »Wir müssen in staatspolitischer Verantwortung die Sicherheitsinteressen Österreichs wahrnehmen, und in diesem Kontext auch eigene Kompetenzen abgeben und mit anderen bündeln«, lautet der zukunftsweisende Plan von Doskozil. Eine moderne Verwaltungs- und Staatsreform müsste diese Vorschläge anpacken. Er verlangt, »eine faire Diskussion darüber zu führen«, wie Kompetenzen geschärft und ein »besserer und stärkerer Rechtsschutz, der selbstverständlich unabhängig agiert, etabliert werden könnte«. Dazu gehören nicht nur Cyber-Kompetenzen, sondern auch die Bündelung der Kräfte zur Terrorbekämpfung und eine Zusammenführung der Aufgaben für den Schutz bei Krisen und Katastrophen. Der Katastrophenschutz sei ein »klassischer Bereich, der dem Bundesheer zuzuordnen ist«. Hans Peter Doskozil verlangt »Klarheit bei der Aufteilung der Aufgaben« und die »Bereitschaft, eine offene Kompetenzdiskussion« zu führen, sowie an einer »neuen Kultur der Zusammenarbeit« zu arbeiten. Er will, dass das Thema Sicherheit und Verteidigung wieder stärker ins Zentrum staatlicher Politik rückt, weil sich das Sicherheitsumfeld sehr rasch ändert: Die Terroranschläge in europäischen Städten, islamistisch motiviert, zunehmende Radikalisierung und Flüchtlingsbewegungen, für die kein Ende absehbar ist, sind ein Beispiel dafür.

Vorbild Bundesheer

Als Armee eines kleinen – und noch dazu neutralen – Staates spielt das österreichische Bundesheer militärisch kaum eine Rolle. Im Vergleich mit NATO-Mitgliedern stimmt das. Dennoch gilt das Bundesheer in manchen Bereichen als Vorbild und zeichnet sich durch besondere Fähigkeiten aus. Hans Peter Doskozil zählt sie alle auf: Bei der Entschärfung von Bomben ist Österreich führend. »Alle europäischen Staaten kommen zur Schulung zur Bombenentschärfung nach Österreich.« Österreichische Gebirgsjäger bilden Soldaten in der ganzen EU und anderen Ländern, wie etwa Afghanistan, aus. Das Jagdkommando gilt als Modell. In höchsten NATO-Kreisen in Brüssel ist die harte und gleichzeitig fundierte Ausbildung des Jagdkommandos anerkannt. »Kein Land kommt an das Niveau der Österreicher heran«, sagt ein belgischer Offizier. Er ist überzeugt, dass Österreich diese Kompetenz stärker in die gemeinsame Sicherheits- und Verteidigungspolitik der EU einbringen sollte.

Geschätzt wird das Bundesheer von den Vereinten Nationen ebenso wie von der NATO für die gute Ausbildung und Ausrüstung seiner Soldaten bei internationalen Friedenseinsätzen. Das hat auch NATO-Generalsekretär Jens Stoltenberg bestätigt, bevor Hans Peter Doskozil als erster österreichischer Verteidigungsminister am 1. Juni 2016 ein bilaterales Treffen mit Stoltenberg im NATO-Hauptquartier in Brüssel hatte. »Österreich ist ein wichtiger und sehr kompetenter Partner der Allianz. Wir haben eine starke partnerschaftliche Beziehung, und wir respektieren, dass Österreich neutral ist«[30].

Friedenseinsätze und internationale Kooperationen soll das österreichische Bundesheer unbedingt weiterführen und, wenn nötig, auch verstärken, betont Hans Peter Doskozil. Er ist auch überzeugt, dass der übereilte Abzug der österreichischen Soldaten von den Golan-Höhen Ende Juni 2013 »ein Fehler« war: »Vor allem die Art und Weise des Abzuges hat nicht gepasst. Wenn man ein verlässlicher Partner sein will, muss man die Partner auch auf einen solchen Abzug vorbereiten und die Möglichkeit geben, die dadurch entstehende Lücke zu kompensieren.«

Die Doskozil-Doktrin: Interessensgeleitete Neutralitätspolitik Österreichs

In einer Studie mit dem Titel »Einstellung der Österreicherinnen und Österreicher zu aktuellen militärischen Fragen« von UNIQUE research, die Mitte 2016 erstellt wurde, sprechen sich 80 Prozent der Befragten für die Neutralität aus, um »die Sicherheit Österreichs in Zukunft am besten zu gewährleisten«, 14 Prozent sagen »eher nein«, der Rest antwortet mit »weiß nicht« oder macht »keine Angaben«[31].

Die Neutralität ist in der österreichischen Bevölkerung seit Jahrzehnten fest verankert, ein NATO-Beitritt wird mehrheitlich abgelehnt, allerdings ist die Mehrheit der Österreicher konstant für eine stärkere europäische Zusammenarbeit, im Besonderen mit den Nachbarstaaten: 67 Prozent der Befragten sprechen sich für eine verstärkte militärische Zusammenarbeit mit Nachbarstaaten aus, 26 Prozent sagen »eher nein«, der Rest »weiß nicht« oder macht »keine Angabe«[32].

Hans Peter Doskozil hält an der Neutralität Österreichs fest, so wie es auch seine Vorgänger getan haben, er definiert sie aber neu und entwickelt sie kreativ weiter: Er führt den neuen Begriff »Interessensgeleitete Neutralitätspolitik« ein, füllt ihn mit Inhalt und vertritt diesen Ansatz auch konsequent bei Treffen mit seinen Amtskollegen in Brüssel.

»Interessensgeleitete Neutralitätspolitik« ist die Doskozil-Doktrin und bedeutet, dass Österreich in seinem außen- und sicherheitspolitischen Handeln von folgenden Prinzipien geleitet ist: Schutz der Bürger und der österreichischen Souveränität, Eindämmung der illegalen Massenmigration, Schutz der europäischen

Außengrenzen, Stabilisierung der Nachbarschaft Österreichs, insbesondere am Westbalkan, Beiträge zur Bekämpfung von Terror und Radikalisierung in der Gesellschaft sowie Abwehr von Cyber-Bedrohungen. Kurzum: Zuerst kommt der Schutz Österreichs, dann der Schutz der europäischen Außengrenzen und in weiterer Folge Beiträge zum internationalen Krisenmanagement außerhalb Europas. Und das alles so kooperativ wie möglich und so autark wie verfassungsrechtlich notwendig.

Hans Peter Doskozil sagt, dass sich »eine interessensgeleitete Neutralitätspolitik an diesen Zielen orientieren und den Einsatz staatlicher Ressourcen darauf ausrichten muss«. Waren es in der Vergangenheit eher internationale Organisationen und deren Politikansätze, an denen sich die österreichische Außen- und Sicherheitspolitik vorrangig orientiert hat, so ist eine der Konsequenzen aus der sich verändernden Sicherheitslage, dass wieder die eigenen nationalen Interessen verstärkt ins Zentrum der österreichischen Sicherheitspolitik rücken müssen, lautet die Analyse im Verteidigungsministerium.

Diese stärkere Fokussierung auf die österreichischen Sicherheitsinteressen bedeutet aber keinen Rückzug von der Weiterentwicklung der Gemeinsamen Sicherheits- und Verteidigungspolitik, heißt es in internen Papieren. »In Entsprechung einer interessensgeleiteten Neutralitätspolitik muss sich Österreich aber auch aktiv an der Gestaltung und Weiterentwicklung der Gemeinsamen Sicherheits- und Verteidigungspolitik beteiligen.« Dies diene auch der Unterstützung österreichischer Interessen und ziele auf die Stärkung einer autonomen, handlungsfähigen, gemeinsamen Sicherheitspolitik der EU ab.

»Mit dieser neuen strategischen Ausrichtung der österreichischen Sicherheits- und Verteidigungspolitik wird zum einen auf die aktuellen Sicherheitsrisiken und zum anderen auf bereits eingetretene und zu erwartende sicherheitspolitische Entwicklungen reagiert«, heißt es in einem internen Dokument zur Strukturreform »Landesverteidigung 21.1«[33]. Dazu kommt eine Intensivierung der europäischen und internationalen Kontakte und Teilnahme an gemeinsamen Friedenseinsätzen.

Doch wie passt diese Reform des Österreichischen Bundesheeres mit dem neuen Konzept der EU, im Militärischen enger zu kooperieren, zusammen? Diese EU-Strategie wird vor allem von Deutschland und Frankreich vorangetrieben. Das Zauberwort für eine engere Zusammenarbeit lautet »Pesco« (Permanent Structured Cooperation). Die Abkürzung bezeichnet das Verfahren, mit dem EU-Länder, die es wollen, stärker kooperieren. In der Verteidigung, wo 28 Mitgliedsländer nebeneinander werkeln, unterschiedliche Ausbildungen, Geräte und Waffensysteme haben und Jahr für Jahr viele Millionen verschwenden, soll die stärkere Zusammenarbeit von willigen Ländern ausprobiert werden. Brexit und der neue US-Präsident Donald Trump wirken wie ein Katalysator für die Europäer, in der Verteidigungspolitik gemeinsam vorzugehen.

Wer bei Pesco dabei sein will – im Prinzip ist Pesco für alle Länder offen – muss bestimmte Eintrittskriterien erfüllen, etwa die militärische Ausrüstung besser aufeinander abzustimmen oder die Verteidigungsausgaben stetig zu erhöhen. Auch an der Finanzierung der EU-Battlegroups – Österreich macht hier mit – sollen sich künftig mehr Staaten beteiligen. Diese »rasche Eingreiftruppe« der EU, wie die Battlegroups genannt werden, waren auch deswegen noch nie im Einsatz, weil die jeweiligen Truppensteller die Kosten weitgehend alleine tragen müssen.

Das Vorhaben, die gemeinsame Verteidigung zu stärken und als »globaler Akteur« aufzutreten, beschließen die Staats- und Regierungschefs bei ihrem Gipfeltreffen im Juni 2017. »Wir arbeiten auf eine Armee der Europäer hin, die eigenständige, nationale Streitkräfte so miteinander verknüpft, dass sie gemeinsam Einsätze bestreiten können«, erklärt die deutsche Verteidigungsministerin Ursula von der Leyen (CDU)[34]. »Denn die Sicherheitslage verlangt von uns eine starke und handlungsfähige Verteidigungsunion«, fügt von der Leyen hinzu. Sie rechnet, dass 20 plus X EU-Länder mitmachen werden. Der Deal soll im Dezember 2017 bei einem EU-Gipfel von den Staats- und Regierungschefs besiegelt werden.

In einem internen Papier des Verteidigungsministeriums vom Juni 2017 heißt es, dass »Österreich Pesco unterstützt, da hierdurch ein höherer Grad an sicherheits- und verteidigungspolitischer Integration und Zusammenarbeit erreicht werden kann, also die Basis für eine effektivere und effizientere Gemeinsame Sicherheits- und Verteidigungspolitik ist. Gemeinsam kann mehr Sicherheit für Europa und damit Österreich erreicht werden«.

Verteidigungsminister Hans Peter Doskozil hält an Pesco fest, aber er stellt auch Bedingungen: »Sicherheit innerhalb der EU ist unteilbar. Deshalb sollte Pesco darauf abzielen, Sicherheit und Verteidigung als Ganzes voranzutreiben und keine Zonen oder unterschiedliche Geschwindigkeiten in der EU zu schaffen.« Außerdem verlangt er darüber zu diskutieren, »was eine vertiefte Zusammenarbeit in der Verteidigungspolitik leisten soll. Derzeit wird viel über technische Abläufe und Strukturen geredet, anstatt über konkrete Fragen.«

Österreich hat an Pesco somit eine klare Forderung: »Gleichberechtigt muss neben dem internationalen Krisenmanagement der Schutz der europäischen Bürger als Aufgabe definiert werden. Der Schutz der EU-Außengrenze oder auch der Schutz der kritischen Infrastruktur in Europa muss eine Aufgabe der EU-Sicherheitspolitik sein. Nur wenn sich die EU diesen realen Bedrohungen und den Sicherheitssorgen der Bürger annimmt, wird sie auch mehr Akzeptanz haben«, lautet Hans Peter Doskozils Credo.

Einen Punkt lehnt er zum »jetzigen Zeitpunkt« (Stand: Juli 2017) entschieden ab: »Die Beteiligung von Drittstaaten oder Beitrittskandidaten, die EU-Werte und Prinzipien missachten. Die Türkei gehört derzeit definitiv nicht dazu.« Hier zielt der Minister auf die Blockade der Türkei ab, die derzeit unmöglich macht, dass Österreich im Rahmen des NATO-Programmes »Partnership for Peace« an gemeinsamen Trainings mitmacht, die aber für Friedenseinsätze erforderlich sind.

Skeptisch sieht er auch die Zielvorgabe für die EU-Staaten, in den nächsten Jahren mindestens zwei Prozent des Bruttoinlandsproduktes für Verteidigung auszugeben. »Österreich ist gegen eine starre Orientierung an der Zwei-Prozent-BIP-Schwelle.«

Definitiv ausgeschlossen ist für den Sozialdemokraten Hans Peter Doskozil die Teilnahme Österreichs an einer künftigen EU-Armee. »Das ist mit der Neutralität nicht vereinbar.«

Reform-Agenda und die Neuorganisation des Bundesheeres: Inhalte und Erscheinungsbild

Die »sanfte Revolution« von Hans Peter Doskozil im Verteidigungsministerium zeigt ein Jahr nach seinem Amtsantritt im Jänner 2016 deutliche Auswirkungen: In der Wahrnehmung der österreichischen Bevölkerung schlagen sich die kraftvoll begonnenen Reformen, die Präsenz des Ministers in der Öffentlichkeit und das neue Image des Bundesheeres in beeindruckenden Umfrage-Ergebnissen nieder, die am 2. Jänner 2017 in der Tageszeitung *Der Standard* veröffentlicht werden. Auf die Frage, »Wem traut man zu, die Probleme und Herausforderungen zu lösen?« antworteten 55 Prozent mit »das Bundesheer«. Damit hat das Bundesheer mit 22 Prozentpunkten gegenüber einer Vergleichsstudie Anfang 2016 deutlich an Vertrauen gewonnen[35].

Nicht nur die Einstellung der Österreicherinnen und Österreicher verbessert sich in der Amtszeit von Verteidigungsminister Hans Peter Doskozil, auch das Interesse für einen Job beim Bundesheer steigt deutlich an. Im Jahr 2015 gibt es insgesamt 2400 freiwillige Meldungen zum Bundesheer (davon 258 Frauen und 2.142 Männer). 2016 steigt diese Zahl für einen Ausbildungsdienst und für ein Dienstverhältnis auf 3900 an (davon 428 Frauen, 3.472 Männer). Was die tatsächlichen Aufnahmen angeht, gibt es ebenfalls einen beachtlichen Anstieg. Im Jahr 2015 sind 605 Personen in den Ausbildungsdienst und in ein Dienstverhältnis beim Bundesheer aufgenommen worden (davon 54 Frauen und 551 Männer). 2016 sind es 1.037 Personen (davon 96 Frauen und 941 Männer). Für 2017 wird im Vergleich mit dem Vorjahr eine Verdoppelung der Aufnahmezahlen prognostiziert[36].

Der äußeren, durchwegs positiven Wahrnehmung des Bundesheeres liegt aber eine konsequente Politik von Hans Peter Doskozil und die von ihm verordnete tiefe Strukturreform zugrunde, die drei Bereiche umfasst:

1. Investitionen in ein einsatzbereites Bundesheer unter dem Titel »Landesverteidigung 21.1«,
2. Österreichs Beitrag zur Sicherheit in Europa,
3. Globales Engagement für Sicherheit und Frieden.

Zur Modernisierung des Heeres gehört eine Reihe von Maßnahmen. Nach jahrelangem Sparkurs leitet Hans Peter Doskozil eine Trendwende ein. Er investiert wieder in die Truppe, gepanzerte Fahrzeuge, Schutzausrüstung für die Soldaten und neue moderne Hubschrauber werden angeschafft.

Ein modernes Heer braucht auch zeitgemäße Unterkünfte. Bis 2020 werden insgesamt 500 Millionen Euro in die Kasernenstandorte investiert. Der Aufenthalt und der Dienst der Grundwehrdiener sollen attraktiver werden, ebenso die Arbeitsplätze von Mitarbeitern des Bundesheeres.

Gestoppt wird unter Doskozil der Verkauf von weiteren Kasernen, deren Erhalt für die Region und die Ausbildung wichtig sind. Dazu gehören die Kasernen in Horn, Tamsweg, Lienz, Bleiburg und Freistadt. In der Bevölkerung dieser Orte und der umliegenden Regionen wird das sehr geschätzt.

Um das Heer im Krisenfall reaktionsfähiger und schneller zu machen, wird die gesamte Struktur umgebaut, vier neue Verbände mit klarer Fokussierung entstehen:

– Das Kommando »Schnelle Einsätze« (Abwehr terroristischer Bedrohungen, Einsätze im In- und Ausland, Einsätze im urbanen Gelände).
– Das Kommando »Schwere Brigade« (robuste Einsätze im In-

und Ausland, konventionelle militärische Landesverteidigung, Zusammenfassung aller mechanisierten Kräfte des Bundesheeres).
– Das Kommando »Leichte Brigade« (vorgesehen für Einsätze zur Stabilisierung im Ausland, Unterstützung des Kommandos »Schnelle Einsätze« im Inland; Luftlandefähigkeit).
– Das Kommando »Gebirgskampf« (Spezialisierung für Einsätze im Mittel- und Hochgebirge). Das so genannte Gebirgsjäger-Kommando ist in der EU die zentrale Stelle für die Ausbildung zum Gebirgskampf. In Afghanistan, wo Österreich derzeit mit zehn Stabsoffizieren in einem NATO-Einsatz präsent ist, waren von Jänner bis März 2017 mehrere Gebirgsjäger in Kurzeinsätzen als Truppenausbildner im nördlichen Mazar-i-Sharif tätig, um Angehörige der afghanischen Armee auszubilden.

Neu ist im Konzept von Doskozil auch eine Personaloffensive. Bis zum Jahr 2020 sind 9800 neue Jobmöglichkeiten für Soldatinnen und Soldaten beim Bundesheer geplant. Benötigt wird zusätzliches Personal in allen Bereichen, vor allem Ausbildnerinnen und Ausbildner, Pilotinnen und Piloten, Ärztinnen und Ärzte, sowie Cyber- und IT-Expertinnen und Experten. Insgesamt soll der Frauenanteil beim Heer erhöht werden.

Die Anzahl von Berufs- und Zeitsoldaten bzw. –soldatinnen soll nach einer Phase der Einsparungen von 2.200 auf 6.000 erhöht werden. Diese Soldaten sind innerhalb kurzer Zeit überall in Österreich sowie im Ausland einsetzbar. Wenn mehrere elementare Ereignisse und Belastungssituationen zusammenkommen (wie zum Beispiel eine Naturkatastrophe, Flüchtlingskrise und Terror), muss das Bundesheer noch besser als bisher Schutz und Hilfe bieten können.

Zu diesen Strukturveränderungen gehört auch die Stärkung der Miliz als wichtiger Pfeiler des Bundesheeres. Die Zahl der Milizsoldaten soll von derzeit 25.400 auf 32.000 bis zum Jahr 2026 aufgestockt werden. 77 Millionen Euro werden in neue Ausrüstung für Milizsoldaten investiert, die Ausbildung wird ebenfalls ausgebaut und verbessert[37]. Das hat auch eine praktische Bedeutung, denn: Bereits heute kommen rund 50 Prozent der Soldaten in Auslandseinsätzen und ein Viertel der Soldaten im laufenden sicherheitspolizeilichen Assistenzeinsatz aus der Miliz.

Als Reaktion auf die zunehmende Bedrohung aus dem Internet hat das Bundesheer ein eigenes Cyber-Kommando eingerichtet, das rund um die Uhr bereit steht, um nicht nur militärische IT-Netzwerke bei der Abwehr solcher Cyber-Attacken zu schützen, sondern auch zivile Behörden und private Firmen. Bis zu 350 IT-Spezialisten sollen hier tätig sein. 46 Millionen Euro werden in die technische Ausrüstung investiert.

Die sich dramatisch verändernde Bedrohungslage in der gesamten EU, in Europas Nachbarschaft sowie international, veranlasste Verteidigungsminister Hans Peter Doskozil dazu, das Bundesheer umfassend zu reformieren und an die neuen Herausforderungen anzupassen. Globale Cyber-Angriffe auf öffentliche Einrichtungen, Firmen und Parteien nehmen zu. Islamistisch motivierte Terroranschläge in verschiedenen europäischen Städten mit vielen Toten und Verwundeten haben Menschen in Angst versetzt und die Regierungen zu enormen Sicherheitsvorkehrungen gezwungen. Sozusagen vor Österreichs Haustüre ist die Lage in der Ukraine und am Balkan äußerst instabil. Der Fokus richtet sich dabei auf den Konflikt im Osten der Ukraine nach der Annexion der Halbinsel Krim durch Russland. Das Verhältnis der NATO mit Moskau ist angespannt, die baltischen Mitgliedsländer der Nordatlantischen Allianz fürchten Angriffe aus Russland.

Anlass zur Sorge geben fragile demokratische Systeme in manchen Balkanländern. Eine zusätzliche Gefahr für den Zusammenhalt der Gesellschaften in dieser Region ist der zunehmende Nationalismus und die fortschreitende Islamisierung, die in Bosnien-Herzegowina, in Mazedonien und auch im Kosovo zu beobachten ist. Nationalistische Tendenzen, Populismus und Extremismus nehmen auch in EU-Staaten zu, zum Beispiel in Polen und Ungarn. Große Verunsicherung und Diskussionen, sowie sicherheitspolitische Herausforderungen lösten in den vergangenen Jahren die Migrationsströme in die EU aus. Ein Ende der Flüchtlingsbewegungen ist nicht absehbar. Die EU-Regierungen und die Europäischen Institutionen ringen derzeit um Lösungen. Vor dem Hintergrund dieser Entwicklungen und Bedrohungsszenarien sowie präventiv vorausschauend hat Hans Peter Doskozil das Österreichische Bundesheer strukturell modernisiert, und die finanziellen und materiellen Rahmenbedingungen dafür geschaffen.

Sicherheitspaket für ein gesamtstaatliches Krisenmanagement

In Anbetracht der Katastrophen, Terroranschlägen in europäischen Städten, nicht endenden Flüchtlingsbewegungen und zunehmenden Cyber-Angriffen auf öffentliche Einrichtungen, Unternehmen und Parteien – von »hybrider Kriegsführung« wird bereits gesprochen – zeigt sich, dass die Polizei und die zivilen Hilfskräfte in vielen Fällen an die Grenze ihrer Fähigkeiten stoßen.

Vor dem Hintergrund dieser Entwicklungen und seinem Verständnis von umfassender Sicherheitspolitik ist es Hans Peter Doskozil wichtig, neue Antworten auf die modernen Bedrohungsszenarien zu geben. Er verlangt eine neue Aufgabenteilung und klare Übergänge zwischen zivilen und militärischen Sicherheitskräften, sodass Einsätze effizienter und professioneller ablaufen können.

Was der in Nickelsdorf erprobte Krisenmanager Doskozil hier verlangt, ist ein völlig neues Krisenmanagement des Bundes und ist auf seine Initiative hin vom Ministerrat bereits im Oktober 2016 beschlossen worden. Kernstück der Reform ist das so genannte »Sicherheitskabinett«, das ein rasches Handeln der Bundesregierung im Krisenfall sicherstellen soll. Was versteht man darunter konkret? Geht es nach Hans Peter Doskozil, tritt das

»Sicherheitskabinett« im Falle einer Krisenlage auf Beschluss der Bundesregierung zusammen. Der Bundeskanzler wird dann gemeinsam mit dem Vizekanzler, dem Verteidigungsminister, dem Innen-, Außen- und Finanzminister, die nötigen Entscheidungen zur Bewältigung von Krisenlagen herbeiführen.

Konsequent und logisch ist es, dass dem »Sicherheitskabinett« auch eine Art permanentes Analysezentrum zur Seite steht, das laufend alle relevanten Informationen von zivilen und militärischen Kräften auswertet und die Informationen dem »Sicherheitskabinett« für seine Entscheidungen zur Verfügung stellt.

Wichtiger Teil dieser von Hans Peter Doskozil favorisierten Reform des Krisenmanagements sind neue Aufgaben für das Bundesheer im Kontext einer »umfassenden inneren Sicherheit«. Durch die Assistenzleistung sind Einsätze des Heeres im Inneren möglich und eine seit Jahrzehnten geübte Praxis (z. B. Katastropheneinsätze, Grenzeinsätze). Durch hybride Bedrohungen wie Cyber-Angriffe oder internationalen Terror verschwimmen die Grenzen zwischen innerer und äußerer Sicherheit – Klarstellungen in der Aufgabenverteilung sind daher notwendig. Diese neuen Aufgaben für das Bundesheer können laut Ministerratsbeschluss im Rahmen einer sicherheitsbehördlichen Ermächtigung Vorbereitungen auf Einsätze zur militärischen Gefahrenabwehr aus der Luft sein, Beiträge zur Katastrophenvorsorge und der Schutz der kritischen Infrastruktur. Das Innenministerium hat etwa 190 schutzwürdige Objekte in Österreich definiert, die zur »kritischen Infrastruktur« zählen. Diese Objekte (Kraftwerke, Raffinerien, Krankenhäuser etc.) müssen im Krisenfall, beispielsweise vor einem Terroranschlag, geschützt und bewacht werden, um die Versorgungssicherheit bei Lebensmitteln, Verkehrs-, Telekommunikations-, Energie- und Finanzdienstleistungen und auch eine gesicherte Versorgung mit Sozial- und Gesundheitsdienstleistungen weiter gewährleisten zu können. Um all diese Objekte in ganz Österreich schützen zu können, benötigt man etwa 10.000 Einsatzkräfte. Bei diesem enormen Personalbedarf wird klar: Die Polizei kann die Aufgabe des Schutzes kritischer Infrastruktur personell nicht erfüllen bzw. wäre die Erfüllung nur mit einer massiven Einschränkung anderer sicherheitsrelevanter Leistungen verbunden. Bereits jetzt steht fest, dass im Krisenfall die Miliz herangezogen werden muss, um den Schutz kritischer Infrastruktur zu übernehmen. Doskozil will hier Klarheit in der Aufgabenverteilung schaffen und diese Tätigkeit als originäre Aufgabe ins Bundesheer überführen. »Das gewährleistet höchstmögliche und rasche Sicherheit für die Bevölkerung. Im Krisenfall darf es nicht zu ungelösten Kompetenzfragen kommen – hier muss rasch gehandelt werden können«, sagt der Minister, der diese Klarheit in der Aufgabenverteilung auch demokratiepolitisch als notwendig erachtet. »Die klar getrennte Zuordnung der staatlichen Sicherheitsaufgaben in zwei Sicherheitsapparate stärkt unsere Demokratie zusätzlich.« Als Beispiel nennt Doskozil den 21 Jahre lang andauernden Grenzeinsatz des Bundesheeres im Burgenland und in Niederösterreich. Dort waren Tausende Bundesheersoldaten über einen sehr langen Zeitraum im sicherheitspolizeilichen Assistenzeinsatz. Damit waren Soldaten und Polizisten über zwei Jahrzehnte unter der Führung eines Ministeriums.

Die Gefahrenabwehr aus der Luft als originäre Aufgabe des Bundesheeres hat für Doskozil eine ebenso große Bedeutung. Alle Luftfahrzeuge, besonders Kleinflugzeuge und unbemannte ferngesteuerte Fluggeräte, wie z. B. Drohnen, können von Terroristen für Angriffe genutzt werden. Das Bundesheer besitzt bereits die technischen Mittel, die Bevölkerung vor solchen Terrorangriffen aus der Luft zu schützen. Mit den Fähigkeiten zur Luftraumüberwachung mit modernsten Radargeräten, Abfangjägern und Drohnen kann das Heer den unterschiedlichen Luftbedrohungen angemessen begegnen. »Es macht absolut Sinn, diese Aufgabe dem Bundesheer zu übertragen. Wenn hier keine Klarstellung in der Aufgabenerfüllung erreicht wird, ist zu befürchten, dass sich das Innenministerium militärisch hochrüstet, um diesen Terrorgefahren aus der Luft beggnen zu können. Abgesehen von der Kostenfrage muss sich der Gesetzgeber die Frage stellen, ob er will, dass die Polizei zu einem zweiten Bundesheer mutiert«, sagt der Minister.

Was in anderen neutralen bzw. allianzfreien oder paktungebundenen Ländern wie Schweden oder Finnland schon längst zum Programm des Verteidigungsministeriums gehört, nämlich die Förderung von Forschung und die Zusammenarbeit mit Unternehmen, die in der militärtechnischen Forschung tätig sind, wird nun auch in Österreich forciert. Durch Hans Peter Doskozil wird 2016 ein für die Sicherheit Österreichs und für die heimische Wirtschaft wichtiges Verteidigungsforschungsprogramm eingeführt. Auch EU-Mittel sollen dafür angezapft werden. Seit Anfang 2017 schüttet die EU erstmals Fördermittel für die gemeinsame Forschung im Bereich innovativer Verteidigungstechnologien und Verteidigungsgüter aus, 500 Millionen Euro stellt die EU-Kommission bis 2020 zur Verfügung.

Auf nationaler Ebene wird ein Kooperationsabkommen zwischen dem Bundesheer und dem Austrian Institute of Technology (AIT), zwischen Verteidigungsminister Hans Peter Doskozil und AIT-Aufsichtsratschef Hannes Androsch unterzeichnet. Damit wird ein Vertrag aus dem Jahr 2010 verlängert und inhaltlich ausgebaut. Die Themen für gemeinsame Projekte reichen bis zum autonomen Fahren.

Intensiviert wird unter Ressortchef Doskozil auch die Öffnung des Verteidigungsministeriums gegenüber wissenschaftlichen Institutionen und Think Tanks. Neben den vier etablierten Partnern[38] kommen zwei neue Kooperationspartner dazu: Das Institut für Sicherheitspolitik (ISP) und das renommierte Wiener Institut für die Wissenschaften vom Menschen (IWM).

Großen Wert legt Hans Peter Doskozil auf »wehrpolitische Arbeit« innerhalb und außerhalb des Verteidigungsministeriums. Hinter diesem wenig attraktiven Begriff verbirgt sich aber eine wichtige demokratiepolitische Arbeit: Eine Führungskultur im Ministerium, die strikt den Wertekanon europäischer Prinzipien und Kultur verfolgt, wie demokratische Freiheit, Minderheitenschutz, Menschenrechte, sozialer Friede. »Dadurch soll der demokratische Grundkonsens gefestigt und das Verständnis des Konzeptes der umfassenden Sicherheitspolitik im nationalen, europäischen und globalen Kontext gelingen«, sagt der Minister.

Zum Reformblock »Sicheres Österreich« gehört auch die Stärkung der Assistenzleistungen für das Innenministerium. Seit Beginn der Flüchtlingskrise leistet das Bundesheer Assistenz für das Innenministerium und kontrolliert die österreichische Staatsgrenze mit rund 1.000 Soldaten. Darüber hinaus unterstützen seit 2016 etwa 110 Soldaten die Wiener Polizei und bewachen Botschaften und ähnliche diplomatische Einrichtungen anderer Staaten in Wien. Damit wird die Polizei massiv entlastet und für andere Sicherheitsaufgaben freigespielt.

Anzeige gegen Airbus

Im Fokus des öffentlichen Interesses steht seit Februar 2017 die Eurofighter-Affäre. Hans Peter Doskozil geht es um die umfassende Aufklärung des Eurofighter-Kaufes, der nunmehr seit 15 Jahren Gegenstand von Korruptionsvorwürfen ist. »Die Steuerzahler müssen sich sicher sein, dass mit ihrem Geld sorgsam umgegangen wird«, betont Doskozil bei der Verfolgung der Causa Eurofighter[39].

Im Februar 2017 bringt der Bundesminister bei der Staatsanwaltschaft Wien eine Strafanzeige wegen des Verdachts auf arglistige und betrügerische Täuschung gegen die Airbus Defence and Space GmbH (vormals EADS Deutschland GmbH) und die Eurofighter Jagdflugzeug GmbH ein. Die Republik Österreich hat sich dieser Strafanzeige als Privatbeteiligte angeschlossen.

Es besteht der Verdacht, dass die beiden angezeigten Airbus-Unternehmen den Staat seit 2002 sowohl über den wahren Kaufpreis als auch über die wahre Lieferfähigkeit und die wahre Ausstattung der Eurofighter-Abfangjäger in betrügerischer Absicht getäuscht haben. Der heute bekannte Schaden kann daher bis 1,1 Milliarden Euro betragen. Hinzu kommt der Schaden aus den zukünftigen entstehenden Mehraufwendungen für den Betrieb der Eurofighter, der heute noch nicht beziffert werden kann.

Beobachter attestieren dem Minister Mut, da er sich durch die Strafanzeige mit einem der größten Rüstungskonzerne der Welt anlegt. Was hat ihn dazu bewegt? »Wenn mir strafrechtlich relevante Sachverhalte vorgelegt werden, ist es meine Pflicht als Minister, zu handeln«, sagt Doskozil.

Die Anzeige des Ministeriums, die in enger Kooperation mit der Finanzprokuratur, dem »Anwalt der Republik«, erarbeitet wurde, basiert auf Untersuchungsergebnissen der im Verteidigungsministerium eingerichteten Task Force Eurofighter. Deren Leiter, Generalmajor Hans Hamberger, hatte den Minister im Frühjahr 2016 auf Verdachtsmomente hingewiesen und um eine Entscheidung ersucht, ob die Task Force ihre Arbeit intensivieren soll. Doskozil ordnete an, das Untersuchungsteam um externe Experten zu verstärken und die technische Ausstattung, beispielsweise die Anschaffung forensischer Software, zu verbessern. Diese Entschlossenheit zur Aufklärung hat wohl zwei Gründe: Doskozil ist ein ausgebildeter Polizist und Jurist, der Korruption verabscheut und Verdachtsmomenten auf den Grund gehen möchte. Das ist gewissermaßen in seiner DNA.

Es gibt aber noch einen anderen Grund, der ausschlaggebend sein könnte: Zu seinen besten Freunden zählte der renommierte und leider viel zu früh verstorbene Aufdeckungsjournalist Kurt Kuch. Der *News*-Redakteur hatte ihm regelmäßig – da war Doskozil noch lange nicht Verteidigungsminister – über die Causa Eurofighter und die Ungereimtheiten und Machenschaften bei der Beschaffung erzählt. Die beiden Burgenländer kannten sich seit ihrer Jugendzeit und gingen ins selbe Gymnasium. Der KURIER schrieb, dass Doskozil mit der Strafanzeige gewissermaßen Kuchs Erbe fortführt. Parallel zu der Strafanzeige startet

Ende Mai 2017 der zweite Eurofighter-Untersuchungsausschuss im Parlament, am 12. Juli 2017 wird er vorläufig beendet: Sein gesamtes Arbeitsprogramm konnte der Ausschuss wegen der vorgezogenen Neuwahl nicht abarbeiten – teilweise erledigt wurden nur die ersten beiden von vier Kapiteln, also der Eurofighter-Vergleich 2007 und der Vorwurf unlauterer Zahlungen unter anderem bei den Gegengeschäften. Befragt wurden in Summe 25 Zeugen. Der Ausschussbericht ist für Herbst 2017 geplant. Eine Neuauflage des Ausschusses nach der Nationalratswahl im Oktober ist möglich.

Wie sehr Hans Peter Doskozil auf Transparenz beim Beschaffungswesen drängt, zeigt das Antikorruptionspaket, das Anfang Juni 2017 vorgestellt und bis Ende 2017 per Erlass eingeführt wird. Das Paket ist eine Konsequenz der Causa Eurofighter. Künftig sollen alle militärischen Beschaffungsvorgänge ohne Gegengeschäfte ablaufen. Es wird auch keine Rechtsgeschäfte des Bundesministeriums für Landesverteidigung und Sport über Lobbyisten mehr geben. Eine neue Organisation für Beschaffungsentscheidungen im Bundesheer wird aufgebaut. Ebenso gibt es neue Vertragsbestimmungen für alle neuen Ankäufe. Das Maßnahmenpaket soll unzulässige Beeinflussungen bei militärischen Beschaffungen für das Bundesheer verhindern. »Es darf ein derartiges Rechtsgeschäft, wie es um den Eurofighter passiert ist, in Zukunft nicht mehr geschehen«, sagt Hans Peter Doskozil bei der Präsentation des Antikorruptionspaketes am 30. Mai 2017.

»Der Eurofighter ist Geschichte«

Wenige Woche nach der Einsetzung des zweiten Eurofighter-Untersuchungsausschusses und der Verabschiedung der Antikorruptionsrichtlinien kommt der nächste Paukenschlag. Bei einer Pressekonferenz am 7. Juli 2017 präsentiert Verteidigungsminister Hans Peter Doskozil den Bericht der von ihm eingesetzten Sonderkommission »Aktive Luftraumüberwachung«. Auf Basis dieser Expertise verkündet er das Ende der seit vielen Jahren umstrittenen Eurofighter: Die Heeres-Experten empfehlen, »den österreichischen Eurofighter ›Typhoon‹ der Tranche 1 in seinem aktuell beschränkten Ausrüstungsstand, wie er derzeit genutzt wird, nicht weiter zu betreiben«[40]. Zehn Jahre, nachdem im Juli 2007 der erste Eurofighter in Österreich gelandet ist, wird sein Ende besiegelt. »Der Eurofighter ist also Geschichte«, sagt der Minister. Seine Ankündigung bedeutet, dass die österreichischen Eurofighter ab 2020 schrittweise ersetzt werden sollen und das Bundesheer gleichzeitig auf neue Abfangjäger umsteigen wird[41].

Damit macht Hans Peter Doskozil die Kampfjets wieder zum medialen Top-Thema des Sommers – nachdem er im Frühjahr anordnete, die aktive Luftraumüberwachung neu zu evaluieren und auszurichten. Derzeit wird der österreichische Luftraum durch ein Zwei-Flotten-System überwacht: durch das Überschallflugzeug Eurofighter Typhoon der Tranche 1 und in Ergänzung durch das Unterschallflugzeug Saab 105 OE. Das Unterschallflugzeug Saab 105 OE müsste 2020 nachbeschafft werden, da dann das Ende seiner Lebensdauer erreicht sein wird. Bevor Doskozil die Nachbeschaffung eines so genannten Trainers in Auftrag gibt, wollte er, dass eine Sonderkommission aus Experten noch einmal überprüft, ob die Systematik mit den zwei Flotten wirklich die optimale Lösung für die Überwachung des Luftraums und für das Österreichische Bundesheer ist – sowohl aus militärischer Sicht als auch aus ökonomischer.

Nach getaner Arbeit und intensiver Prüfung empfiehlt die Kommission, dass die aktive Luftraumüberwachung zu hundert Prozent durch überschall-schnelle Abfangjäger abgedeckt werden soll, da nur so alle angenommenen Bedrohungsszenarios bewältigt werden könnten. Zudem soll eine »uneingeschränkte Einsatzfähigkeit bei Tag und Nacht« gewährleistet sein. Für den Fall, dass Kampfflugzeuge unbefugt in österreichischen Luftraum eindringen und sich »nicht kooperativ« verhalten, brauche es ein »zeitgemäßes Selbstschutzsystem und Allwetterlenkwaffen«. Umgesetzt werden sollten diese Anforderungen nach Ansicht der Kommission durch »eine einzige bewaffnete Abfangjägerflotte«. Insgesamt empfiehlt die Kommission, den Eurofighter, wie er derzeit genutzt wird, stillzulegen. Der Umstieg auf einen alternativen Flieger zum Eurofighter (statt Aufrüstung und Ankauf zusätzlicher Eurofighter) wäre Berechnungen der Kommission zufolge im Idealfall deutlich günstiger. Der Umstieg auf ein neues »Ein-Flotten-System« könnte der Kommission zufolge ab 2020 umgesetzt und innerhalb von drei Jahren abgeschlossen sein.

Dass der Umstieg von den Eurofightern auf ein neues System mit einer neuen Regierung ab Herbst 2017 gleich wieder obsolet werden könnte, sieht Verteidigungsminister Doskozil nicht. Er könne sich nicht vorstellen, dass eine zukünftige Regierung über den »nachhaltigen« Bericht der Experten einfach »hinweggehen kann«. Einen Zusammenhang mit der Nationalratswahl am 15. Oktober 2017 weist er zurück. »Das kann und darf kein Wahlkampfthema sein.«

ÖVP-Finanzminister Hans Jörg Schelling meldet sich noch am selben Tag zu Wort: »Ich bin für alles offen, was für den Steuerzahler Einsparungen bringt, solange die Sicherheit und Neutralität gewährleistet ist«[42].

Österreich im europäischen Verbund

Seit dem Beitritt zur Europäischen Union am 1. Jänner 1995 arbeitet Österreich am Aufbau der gemeinsamen Außen-, Sicherheits- und Verteidigungspolitik mit – trotz Neutralität. Im Beitrittsvertrag gibt es eine so genannte Protokoll-Erklärung, die es erlaubt, als neutrales Land der EU beizutreten[43]. Zwecks Beteiligung an der Gemeinsamen Außen- und Sicherheitspolitik der EU wird vor dem EU-Beitritt der Artikel 23 f der Bundesverfassung geschaffen, der Österreich die Teilnahme an humanitären Aufgaben und Rettungseinsätzen, friedenserhaltenden Aufgaben sowie Kampfeinsätzen bei der Krisenbewältigung einschließlich friedensschaffender Maßnahmen, den so genannten Petersberg-Aufgaben, ermöglicht.

Selbst die Einführung einer wechselseitigen militärischen Beistandspflicht zwischen den EU-Staaten durch den Vertrag von Lissabon (Art. 42 Abs. 7 EUV) schließt die fortbestehende dauernde Neutralität eines Mitgliedstaates nicht per definitionem aus. Damit erfolgt zwar tatsächlich eine qualitative Transformation der EU zu einem zumindest symbolischen Militärbündnis, in dem im Falle eines bewaffneten Angriffs auf das Hoheitsgebiet eines Mitgliedstaates die anderen Staaten »alle in ihrer Macht stehende Hilfe und Unterstützung« schulden (Art. 42 Abs. 7 Satz 1 EUV). Die Beistandsklausel, die aus dem gescheiterten Verfassungsvertrag übernommen wurde, wurde aber schon in dessen Vorfeld durch eine ganz entscheidende Passage, die dann auch in den Vertrag von Lissabon Eingang gefunden hat, relativiert. In einer auf Drängen von Irland, Finnland und Schweden vorgenommenen Ergänzung bleibt nämlich trotz Beistandsgarantie »der besondere Charakter der Sicherheits- und Verteidigungspolitik bestimmter Mitgliedstaaten unberührt« (Art. 42 Abs. 7 Satz 2 EUV). Damit ist durch diese »Irische Klausel« tatsächlich das Novum einer wechselseitigen Bündnisverpflichtung der übrigen Mitgliedsstaaten und einer lediglich einseitigen zugunsten der Neutralen verankert worden. Diese Vertragslage ist mit der Neutralität Österreichs vereinbar, da den neutralen Ländern dabei keine Verpflichtungen, die ihrer Neutralität widersprechen, auferlegt werden.

Österreich nimmt seit vielen Jahren an Einsätzen im Rahmen der Gemeinsamen Sicherheits- und Verteidigungspolitik teil, in Bosnien-Herzegowina ist Österreich in der von der EU-geführten Mission EUFOR der größte Truppensteller. Vor Jahren haben österreichische Soldaten am nicht ungefährlichen Tschad-Einsatz mitgewirkt. Hans Peter Doskozil fühlt sich dem Aufbau einer Gemeinsamen EU-Sicherheits- und Verteidigungspolitik (GSVP) verpflichtet, aber mit Bedingungen. Im Unterschied zu seinen Vorgängern besteht Doskozil auf die so genannte »Interessensgeleitete Neutralität«. Das heißt, Österreich macht nicht automatisch und blind bei einer Mission mit, sondern hinterfragt deren Ziel im Kontext mit dem Mehrwert für die Sicherheit und den Schutz der österreichischen Bevölkerung. Im Kreise seiner Amtskollegen hat der Verteidigungsminister von Anfang an darauf hingewiesen, dass die Sicherheit und der Schutz der europäischen Bürger politische Priorität haben müssten. Bereits vor seiner ersten Teilnahme an einem informellen EU-Verteidigungsministerrat am 4. und 5. Februar 2016 – kurz nach seiner Angelobung – drängt er darauf, den gemeinsamen Schutz der EU-Außengrenze unter Einbeziehung von Soldaten zu verstärken[44], zum Beispiel an der ungarisch-serbischen Grenze. Das verlangt Doskozil noch bevor die Schließung der Balkanroute auf Betreiben von Österreich, Mazedonien und Serbien erreicht wurde. An diesem Konzept hält er weiterhin fest, er sieht die verstärkte Kontrolle der EU-Außengrenze als wichtigen Pfeiler einer umfassenden Migrationsstrategie, die er seit seinem Amtsantritt verfolgt (siehe Kapitel Migrationspolitik, S. 99 ff.).

Österreich beteiligt sich seit dem Jahr 2003 an der EU-Battlegroup, im zweiten Halbjahr 2016 meldete Österreich 500 Soldaten ein. Der österreichische Beitrag konzentrierte sich dabei vor allem auf das Logistikbataillon, das die Versorgung des Einsatzverbandes sicherstellte. Die Battlegroup ist bisher noch nie zum Einsatz gekommen, steht aber für einen Krisenfall jederzeit bereit.

Einen neuen Anstoß gibt Hans Peter Doskozil der »Zentraleuropäischen Verteidigungskooperation« (Central European Defence Cooperation – CEDC). Dieser Zusammenschluss von Österreich, Tschechien, der Slowakei, Ungarn, Slowenien und Kroatien (Polen hat Beobachterstatus) besteht zwar schon seit 2010, aber Doskozil erkennt die Bedeutung regionaler Zusammenarbeit nicht nur als Nachbarschaftshilfe, sondern auch als Instrument, Interessen und Ziele gemeinsam in der EU vorzutragen und auch durchzusetzen. Österreich hat 2016 den Vorsitz in der Gruppe gehabt und Verteidigungsminister Doskozil brachte einen zivil-militärischen Aktionsplan auf den Weg, der es den Ländern ermöglicht, Fluchtbewegungen gemeinsam mit den Innenministern der beteiligten Staaten frühzeitig zu erkennen, Informationen auszutauschen und zivile, militärische und polizeiliche Beiträge zu koordinieren, um die Flüchtlingsbewegungen auf der Westbalkanroute nachhaltig unter Kontrolle zu halten.

Als Teil dieser Kooperation unterstützt das Verteidigungsministerium auf Ansuchen Ungarns die Kontrolle der EU-Außengrenze zu Serbien. Rund 60 Bundesheersoldaten stehen ihren ungarischen Kollegen beim Grenzmanagement zur Seite.

Hans Peter Doskozil will künftig auch die Westbalkanländer stärker in die zentraleuropäische Verteidigungskooperation einbeziehen. Auf bilateraler Ebene unterstützt das Verteidigungsministerium Mazedonien und Serbien mit Nachtsichtgeräten für die Grenzkontrolle, Offiziere aus Bosnien-Herzegowina werden in Österreich ausgebildet. Bei jedem Treffen der EU-Verteidigungsminister bringt der Minister die Lage der Westbalkanländer zur Sprache. Weil sich die Sicherheitslage – aber auch die politische und ökonomische – in diesen Staaten zusehends verschlechtert, appelliert Doskozil, »mehr für die EU-Anbindung dieser Länder zu tun«.

Warnend analysiert er, dass Europa mehr und mehr Einfluss am Balkan verliere, hingegen Saudi-Arabien und die Türkei durch Finanzhilfen dem politischen Islam in dieser Region den Weg bereiten. In einem Interview mit der deutschen Tageszeitung *Die Welt* spricht er offen von einer »Islamisierung« des Balkan[45]. Experten warnen seit Jahren davor, dass die Balkanstaaten – hier namentlich vor allem Bosnien-Herzegowina – als Einfallstor salafistischer und sunnitischer Hassprediger nach Europa missbraucht werden. Ein Blick nach Sarajevo zeigt, dass die größte Bautätigkeit in der bosnischen Hauptstadt nicht etwa im Bereich der Infrastruktur oder in der Sanierung von Wohnraum zu registrieren sei, sondern dass sich in den vergangenen Jahren hauptsächlich die Moscheebauten größer und luxuriöser entwickelt haben. Durch die schwache wirtschaftliche Lage sind auch viele Bewohner für jene Kräfte anfällig, die durch die Bezahlung einer Prämie die Familienoberhäupter dazu anhalten, ihre Frauen zur Vollverschleierung zu zwingen. Eine Entwicklung, die in den vergangenen zehn Jahren dramatisch zugenommen hat und auf die der Militärexperte und KURIER-Journalist Wilhelm Theuretsbacher in mehreren Artikeln kritisch hingewiesen hat[46].

Wegen der labilen Lage in Bosnien-Herzegowina verlangt Hans Peter Doskozil auf EU-Ebene die Beibehaltung der seit 2004 von der EU-geführten Mission EUFOR- ALTHEA. Die internationale Friedenstruppe, an der EU-Staaten, aber auch Nicht-EU-Staaten teilnehmen, hat den Auftrag, die Umsetzung des Dayton-Abkommens zu begleiten. Soldaten helfen aber auch beim Wiederaufbau von Schulen und Kindergärten. Auf diese Weise leistet Österreich einen wesentlichen Beitrag, um dem Balkanstaat auf seinem Weg in eine friedliche und demokratische Zukunft zu helfen. Das Bundesheer hat derzeit rund 300 Soldaten in Bosnien-Herzegowina stationiert.

Globales Engagement für Sicherheit und Frieden

Ob Friedenssicherung, humanitäre Hilfe oder Einsätze bei Katastrophen: Das Österreichische Bundesheer hilft auch im Ausland, wo es kann. Hunderte Soldaten stehen Tag für Tag im Dienste des Friedens. Rund 1.100 Bundesheersoldatinnen und -soldaten beteiligen sich an einem Auslandsengagement, die größten Kontingente finden sich in Bosnien-Herzegowina (298), im Kosovo (412) und im Südlibanon (214). 2016 und 2017 ist Österreich mit rund 700 Soldaten in Bosnien-Herzegowina und Kosovo der größte Truppensteller. Nicht ungefährlich sind die Einsätze in Mali, wo 14 Offiziere in einer Trainingsmission tätig sind, zehn Stabsoffiziere befinden sich in Afghanistan. Acht Offiziere beteiligen sich an der EU-Mittelmeer-Mission »Sophia«, im Frühling 2017 verstärkten 15 Jagdkommando-Soldaten die deutschen Boarding Teams, die Kontrollen von Schlepper-Booten durchführen und so einen Beitrag zur Schleuserbekämpfung leisten.

Durch den Syrien-Krieg, die fragile Lage im Nahen Osten, die Zunahme des Terrors in Afghanistan sowie die prekäre Lage in etlichen afrikanischen Ländern (Hunger, Dürre, Klimawandel und autoritäre Regime), sieht Hans Peter Doskozil in den Auslandsmissionen zunehmend ein Instrument zur Bewältigung der Migrationskrise und der Fluchtursachenbekämpfung.

NATO-Partnerschaft und die Probleme mit der Türkei

Für einen Verteidigungsminister eines neutralen Landes ist ein bilaterales Treffen mit dem NATO-Chef wohl etwas Außergewöhnliches. Der Termin von Hans Peter Doskozil am 29. Juni 2017 bei NATO-Generalsekretär Jens Stoltenberg im Hauptquartier der Allianz in Brüssel fällt sicher in die Kategorie »politische Rarität«, zumal die Einladung höchstpersönlich vom norwegischen Sozialdemokraten Stoltenberg kommt. Es zeigt aber das große Interesse der NATO, die Blockade der Türkei gegenüber Österreich auf höchster Ebene anzusprechen.

Hans Peter Doskozil ist der erste österreichische Verteidigungsminister, der seit der Gründung der Zweiten Republik ein Tête-à-Tête mit dem Chef des Nordatlantischen Bündnisses hat. Es ist bereits das zweite Treffen Doskozils mit Jens Stoltenberg innerhalb nur eines Jahres. Das erste Mal besuchte er am 1. Juni 2016 den NATO-Generalsekretär.

Das Thema, das die beiden besprechen, ist brisant: Seit Monaten blockiert die Türkei als NATO-Land die Teilnahme von Bundesheersoldaten an Ausbildungskursen und Trainings im Rahmen des NATO-Programmes »Partnership for Peace« (PfP).

Die Türkei-Blockade ist die Antwort Ankaras auf die Forderung der Bundesregierung, die Beitrittsverhandlungen mit der Türkei sofort zu beenden. »Wer blockiert, wird auch blockiert«, rechtfertigte kürzlich der türkische Präsident Recep Tayyip Erdoğan schnippisch die Haltung seines Landes gegenüber Österreich.

Bei dem Treffen nimmt Stoltenberg die Sache selbst in die Hand, um den Konflikt zwischen Österreich und der Türkei zu entschärfen und damit zur Deeskalation beizutragen. Verteidigungsminister Doskozil will im Streit mit der Türkei nicht klein beigeben. Er erwartet sich vor dem Gespräch »konstruktive Vorschläge« von der NATO, wie die Blockade aufgelöst werden kann, auch in Anerkennung der Leistungen Österreichs als wichtiger Truppensteller am westlichen Balkan. »Mir ist es wichtig, in dieser herausfordernden Situation Flagge zu zeigen«, sagt der Minister unmittelbar vor der Unterredung mit Stoltenberg.

Österreich ist seit dem EU-Beitritt 1995 auch Mitglied des NATO-Programmes PfP und als solches an zwei wichtigen NATO-geführten Einsätzen beteiligt: Als größter Truppensteller mit 408 Soldaten im Kosovo und mit derzeit zehn Stabsoffizieren in Afghanistan. Stoltenbergs Treffen mit Doskozil wird in Brüssel als Zeichen für das Interesse der NATO an einer weiteren guten Zusammenarbeit mit Österreich gesehen, weil es als »maßgeblicher Truppensteller große Anerkennung bei den Alliierten genießt«, erklärt ein NATO-Offizier.

Eine Stunde, länger als geplant, dauert das Gespräch in konstruktiver Atmosphäre, dann gibt es Entwarnung. Doskozil berichtet nach dem Gespräch mit dem NATO-Generalsekretär von konkreten Lösungsvorschlägen, die den hohen internationalen Ausbildungsstand des Österreichischen Bundesheeres inklusive NATO-Zertifizierungen wieder sicherstellen, zum Beispiel über das so genannte Framework Nations Concept. Ausbildungen und Übungen in diesem Rahmen könnten künftig für Österreich von der NATO auch als Zertifizierungen anerkannt werden. Die NATO prüft diese Möglichkeit. Experten des Verteidigungsministeriums und der NATO werden dazu Gespräche führen.

Österreich beteiligt sich sowohl am deutschen als auch am italienischen Framework Nations Concept (FNC). Am deutschen FNC sind 16 NATO-Nationen (Belgien, Bulgarien, Deutschland, Kroatien, Polen, Tschechien, Estland, Lettland, Litauen, Luxemburg, Dänemark, Norwegen, Niederlande, Rumänien, Slowakei, Ungarn), sowie vier Partnernationen (Finnland, Schweden, Schweiz und Österreich) beteiligt. FNC ist ein Kooperationsforum, in dessen Rahmen Ausbildungen, Übungen und Evaluierungen durchgeführt werden.

Für Hans Peter Doskozil ist das ein gangbarer Weg: »Ich stehe für einen pragmatischen Zugang in der Politik. Es ist wichtig, sofort nach vorne zu schauen und Lösungen bei Problemen zu suchen. Es ist das gemeinsame Bestreben von NATO und Österreich, die enge Zusammenarbeit fortzusetzen. Wir arbeiten an Lösungen, den hohen internationalen Ausbildungsstand des Bundesheeres und die notwendigen Zertifizierungen sicherzustellen«, sagt er nach dem Treffen mit Stoltenberg. Die NATO wisse, was sie an Österreich habe und möchte »auf die Truppen und auf die Fähigkeiten, die unsere Soldatinnen und Soldaten im Rahmen der NATO-geführten Einsätze einbringen, auf keinen Fall verzichten«, fügt der Minister hinzu.

Es ist ein Treffen »im Zeichen der großen Wertschätzung, die Österreich als maßgeblicher Truppensteller bei NATO-geführten Einsätzen genießt«, berichtet ein General. Stoltenberg habe sich auch ausdrücklich für den wertvollen Beitrag, den Österreich im internationalen Krisenmanagement, speziell im Kosovo und in Bosnien-Herzegowina leistet, bedankt.

Vor dem Gespräch mit Jens Stoltenberg ist Hans Peter Doskozil Gast bei einem NATO-Verteidigungsministerrat. Auf der Tagesordnung steht ein zentraler Punkt: Der Aufbau von mehr Stabilität und Sicherheit in Afghanistan.

Die internationale Mission in Afghanistan mit rund 13.000 Soldaten (Stand Juni 2016) ist auch vor dem Hintergrund der aktuellen Anschläge der Taliban und der anhaltenden Fluchtbewegung vieler Afghanen nach Europa zu sehen. In Österreich gibt es seit Jänner 2015 einen Ministerratsbeschluss, der es erlaubt, bis zu 20 Soldaten an den Hindukusch zu entsenden, zehn Stabsoffiziere sind bereits im Einsatzzentrum in Kabul. Im Frühjahr 2017 haben Gebirgsjäger einige Wochen afghanische Soldaten im bergigen Norden des Landes ausgebildet und »einen tollen Job gemacht«, heißt es im NATO-Hauptquartier in Brüssel. Eine konkrete Anfrage an Österreich für einen weiteren Einsatz in Afghanistan liegt im Sommer 2017 nicht vor. Die NATO will wegen der sich verschlechternden Sicherheitslage das Kontingent in Afghanistan deutlich verstärken.

Minister im Anflug: Rekord an Auslandsreisen

Die Verantwortung für Sicherheit zu übernehmen, bedeutet für Hans Peter Doskozil nicht nur für Sicherheit im Inneren des Landes zu sorgen. Es geht auch um Sicherheit in den Außenbeziehungen und um wertvolle Kooperationen sowie den Aufbau vertraulicher Kontakte.

Nichts veranschaulicht diesen Anspruch des Verteidigungsministers mehr als die lange Liste seiner Auslandsreisen: 25 Termine absolviert er von Februar bis Dezember 2016. Zwölf Termine sind es von Anfang Jänner bis Ende Juni 2017. »Ein Rekord an Treffen«, heißt es staunend in der zuständigen Abteilung des Ministeriums. Und das sind nur die Auslandstermine als Verteidigungsminister. Die Reisen als zuständiger Sportminister zu wichtigen Wettkämpfen oder Konferenzen sind in dieser Liste nicht inkludiert.

Für Hans Peter Doskozil gehören die internationalen Kontakte zu seinen politischen Prioritäten – so wie die Strukturreform im Ministerium. »Für mich sind die persönlichen Gespräche sehr wichtig. Kennt man die Akteure und vertraut einander, kommen Entscheidungen gewöhnlich schneller zustande und werden dadurch sehr oft nicht nur besser, sondern auch nachhaltiger.«

Kein österreichischer Verteidigungsminister zuvor hat den NATO-Generalsekretär Jens Stoltenberg, wie schon erwähnt, gleich zwei Mal in einem Jahr besucht, am 1. Juni 2016 und am 29. Juni 2017.

Hans Peter Doskozil ist auch bei allen EU-Verteidigungsministertreffen anwesend, er hat bilaterale Besuche bei etlichen ost- und südosteuropäischen Nachbarländern absolviert, mit denen er eine besonders enge regionale Zusammenarbeit schmiedet. Dabei geht es ihm vor allem auch um Kooperationen und eine regelmäßigen Informationsaustausch in Flüchtlingsfragen. Er kennt die ungarisch-serbische Grenze, wo ein paar Dutzend österreichische Soldaten im Assistenzeinsatz sind. Er besuchte Mazedonien und Griechenland, auch hier standen die Unterbringung der Flüchtlinge und die Asylverfahren im Zentrum der Gespräche.

Die beiden großen Länder in der EU, Deutschland und Frankreich, waren für ihn natürlich ein Pflichttermin. In München nahm er an der jährlich stattfindenden Sicherheitskonferenz teil.

Ein großes Anliegen sind für den obersten Chef des Bundesheeres die Kontakte zu den Soldaten im Ausland. Wenige Wochen nach Amtsantritt reist Hans Peter Doskozil in den Südlibanon zur UNO-Truppe UNIFIL, wo 214 österreichische Soldaten im Einsatz sind. Der Minister will wissen, wie es den Soldaten geht, welche Ausrüstung sie brauchen und wo sie der Schuh drückt.

Alle großen österreichischen Missionen besucht er, bei der NATO-geführten Truppe KFOR im Kosovo hat er schon zwei Mal vorbeigeschaut. Hier ist Österreich der größte Truppensteller unter den Nicht-NATO-Ländern. Und nicht zu vergessen, auch beim NATO-Gipfel in Warschau im Juli 2017 ist er als Repräsentant eines PfP-Landes (NATO-Programm »Partnership for Peace«) eingeladen.

Lernen von Israel: Cyber-Kooperation und Grenzschutz

Eine wichtige Reise führt ihn Mitte November 2016 nach Israel. Die Segnungen des digitalen Zeitalters haben ihren Preis: Kaum eine Woche vergeht ohne Hackerangriffe auf internationale Konzerne oder öffentliche Institutionen – bewaffnete Angriffe sind längst nicht mehr die einzige Bedrohung, gegen die sich Staaten wehren müssen. Auch der Ausgang der US-Präsidentschaftswahlen wurde – wie nunmehr bestätigt ist – durch Cyber-Angriffe auf die Demokratische Partei mit beeinflusst, hinter denen die USA Russland vermuten. »Cyber-Angriffe sind eine immer größere Bedrohung, auch zunehmend für das Militär. Wir müssen uns wappnen, denn wer hier keine eigenen Fähigkeiten aufbaut, bleibt militärisch in einem anderen Zeitalter stecken«, sagt Hans Peter Doskozil, bevor er Mitte November 2016 zu einer Reise nach Israel, dem weltweit führenden Land in Sachen Cyber-Sicherheit, aufbricht. In Israel forschen die besten Köpfe über Systeme der Cyber-Abwehr – und von ihnen will Doskozil Know-how mit nach Österreich bringen.

Begleitet wird der Verteidigungsminister auf seiner ersten Israel-Reise vom Präsidenten der Israelitischen Kultusgemeinde (IKG), Oskar Deutsch.

Laut Ministerium wehrt das Heer pro Jahr bis zu 300 Cyber-Angriffe ab, Hunderttausende verdächtige Aktionen würden registriert und auf potenzielle Gefährdungen abgeklopft. Im Zug der Umstrukturierung des Bundesheeres wird jetzt ein eigenes Kommando für den Bereich Cyber-Abwehr geschaffen mit bis zu 350 zusätzlichen IT-Experten, im Endausbau sollen es 1.350 sein. Für ihre Ausrüstung mit Hard- und Software sollen bis 2020 mindestens 46 Millionen Euro in die Hand genommen werden, für neue Schulungszentren und Sanierungs- wie Adaptierungsmaßnahmen in bestehenden Anlagen weitere 13,5 Millionen.

»Das Informationszeitalter hat vor dem Militär nicht halt gemacht, der Cyber-Raum wird als neue Dimension der militärischen Einsatzführung erkannt«, verweist Doskozil auf neue

Herausforderungen. In Israel wird er auf der »Israel HLS & Cyber«, der maßgeblichen Leistungsschau über israelische Sicherheitstechnologie für den öffentlichen wie den digitalen Raum, mit der modernsten Technologie konfrontiert: Von »Lone Wolf Detecting and Monitoring« zu »Tarantula Security«, von »Cyberbit« zu »Cyberhat«, für einen Laien unbegreiflich.

Künftig will Österreich jedenfalls auf dem Gebiet der Abwehr von Bedrohungen aus dem Internet enger mit Israel kooperieren, auch wenn Israel einen enormen Vorsprung in diesem Bereich hat. Mit seinem Amtskollegen Avigdor Lieberman schließt Hans Peter Doskozil ein Abkommen, das auch die Schulung österreichischer Cyber-Security-Experten in Israel beinhaltet.

Der Verteidigungsminister holt sich in Israel nicht nur Expertise für die Cyber-Abwehr-Offensive des Bundesheeres, sondern auch Erkenntnisse über effiziente Grenzsicherung. An der Grenze Israels zur ägyptischen Sinai-Halbinsel schaut er sich an, wie eine zuvor löchrige Grenze dicht gemacht und kontrolliert werden kann: Durch einen Zaun und ausgestattet mit modernster Technologie.

Der Sinai, den Ägypten kaum mehr unter Kontrolle hat, hat sich zum Tummelplatz radikaler Islamisten sowie Waffen-, Drogen-, aber auch Menschenschmugglern entwickelt. In der zweiten Hälfte der 2000er-Jahre stiegen die illegalen Grenzübertritte auf mehrere Tausend an. 2013 begann Israel einen Grenzzaun zu bauen, und ihn mit neuester Technologie (zum Beispiel 360-Grad-Kameras am Boden und in der Luft sowie Drohnen) zu überwachen. »2016 gibt es 14 Aufgriffe«, berichtet Doskozil nach seiner Visite an den Grenzschutzanlagen in der Negev-Wüste.

Aus Israel nimmt der Minister auch die Überzeugung mit, dass die Außengrenzen der EU letztlich nur effektiv geschützt werden können, wenn einerseits entsprechende Schutz- und Kontrollmaßnahmen getroffen und andererseits Kooperationsabkommen mit den jeweiligen Nachbarstaaten abgeschlossen werden. Israel arbeitet mit ägyptischen Behörden eng zusammen und gibt auch Informationen aus den Überwachungsanlagen weiter. Das verstärkt und bestätigt Doskozils Position, dass auch die EU effiziente Maßnahmen an den EU-Außengrenzen braucht. »Wir können keine isolierten Maßnahmen setzen. Wir brauchen Absprachen mit den Nachbarn jenseits des Zaunes.« Das heißt übersetzt: Zusammenarbeit und Rückführabkommen mit den Herkunftsländern von Flüchtlingen.

Israel geht auch mit illegalen Migranten anders um als viele EU-Staaten, inklusive Österreich. In Israel erhält ein rückkehrwilliger Migrant 3.500 Dollar (umgerechnet rund 3.000 Euro). Österreich zahlt 500 Euro, mit längerer Dauer des Verfahrens nur mehr 250 bis 200 Euro.

Und wie sieht IKG-Präsident Oskar Deutsch, der entscheidend für die guten österreichischen Beziehungen zum Staat Israel beiträgt, Monate später die gemeinsame Reise mit Hans Peter Doskozil nach Israel?

»Ich habe den Bundesminister nach Israel begleitet und hatte dabei die Gelegenheit, ihn näher kennenzulernen. Der Kontakt zu ihm und zu seinem Büro ist ausgesprochen gut und unkompliziert. Wichtig für mich ist auch, und das möchte ich hervorheben, dass er die Anliegen und Sorgen der Israelitischen Kultusgemeinde sehr gut versteht und versucht, Lösungen zu finden. Aus meiner persönlichen Sicht und so wie ich ihn erlebe, würde ich den Verteidigungsminister als entscheidungsfreudig, als jemanden mit Durchsetzungskraft bezeichnen«, sagt Deutsch[47].

Im persönlichen Kontakt sei Hans Peter Doskozil »ausgesprochen freundlich, dabei zielorientiert. Er hat für mich immer den Eindruck vermittelt, dass er sehr auf seinen jeweilgen Gesprächspartner eingeht.«

Der tragische Tod eines Rekruten und die Konsequenzen

Mitten im Sommer 2017, am 3. August, kommt ein 19-jähriger Grundwehrdiener bei einem Ausbildungsmarsch im niederösterreichischen Horn tragisch zu Tode. Anschließende Berichte über mutmaßliches Fehlverhalten von Ausbildnern sorgen in den Medien für heftige Kritik an den Methoden der Ausbildung der Grundwehrdiener im Besonderen und am Bundesheer im Allgemeinen. Unter Druck kommt auch Verteidigungsminister Hans Peter Doskozil als politisch verantwortlicher Minister. Gerade jetzt, in der Phase der Reform und Konsolidierung des Bundesheeres, die er seit Amtsantritt in vielen Bereichen durchgezogen hat, ist er nun als Manager einer akuten Krise gefragt und gefordert. Dabei setzt er auf rasches Handeln und die nötige Sensibilität im Umgang mit dem Tod eines Rekruten und dem menschlichen Leid seiner Eltern und Angehörigen: »Lückenlose Aufklärung und vollständige Transparenz«, lautet die Devise von Hans Peter Doskozil.

»Durch den tragischen Vorfall in Horn, der lückenlos untersucht werden muss, ist über soziale Netzwerke und Medien eine Diskussion über die Umgangsformen mit Grundwehrdienern beim Heer entbrannt. Wir haben 2.000 Ausbildner, der überwiegende Anteil macht einen sehr guten Job. Und es gibt einige wenige, die Fehlverhalten an den Tag legen. Für mich ist klar, und das fordere ich auch ein, dass unsere Grundwehrdiener mit Respekt zu behandeln sind. Sie sind Mitarbeiter des Ressorts und müssen als solche wertgeschätzt werden«, erklärt der Verteidigungsminister. Er fügt aber auch hinzu, dass »Soldaten, wie überall auf der Welt und in jeder Armee, auch fordernd ausgebildet werden. Zu Grenzüberschreitungen darf es aber nie kommen. Das muss mit allen Konsequenzen geahndet werden, und hier wird auch durchgegriffen«[48]. Unmissverständlich bringt Hans Peter Doskozil damit zum Ausdruck, dass er auf Basis von Untersuchungsergebnissen Konsequenzen ziehen werde und in der Folge auch die Ausbildungsvorschriften auf dem Prüfstand stehen.

Umgehend setzte er nach dem Tod des Rekruten zwei Untersuchungskommissionen ein, um die Todesursache des Grundwehrdieners prüfen zu lassen, sowie die Methoden der Ausbildung unter die Lupe zu nehmen. Der Präsident des Landesgerichtes

Salzburg und Brigadier der Miliz, Wolfgang Rathgeb, leitet die Sonderkommission, die die näheren Umstände des Todes eruieren soll. Generalleutnant Günter Höfler, Chef der österreichischen Militärvertretung in Brüssel, steht an der Spitze der Kommission, die die zahlreichen Vorschriften und Erlässe für die Ausbildung von Soldaten durchleuchtet. Die Ergebnisse beider Kommissionen sollen innerhalb weniger Wochen vorliegen, lautet das Ziel.

Mit offenem Visier und sehr bestimmt stellt sich Hans Peter Doskozil den Fragen der Medienvertreter, aber auch der Öffentlichkeit: Auf Pauschalverdächtigungen, Spekulationen über die Todesursache des Rekruten und Kritik an Fehlverhalten von Ausbildnern reagiert er sachlich und nimmt auch Stellung dazu. Denn: Krisenkommunikation verlangt immer Klarheit, gründliche Aufklärung und entschiedenes Handeln, schließlich geht es um die Reputation des Bundesheeres und die Integrität und Glaubwürdigkeit des Ressortchefs. Reputation des Heeres in einer Demokratie und Glaubwürdigkeit sind zentrale Bestandteile des Amtes und des zuständigen Ministers.

Acht Tage nach dem Tod des Grundwehrdieners kommt am Freitag, den 11. August 2017, die Eiltmeldung der APA, wonach die Obduktion einen akuten Infekt bei dem Verstorbenen ergab[49]. Das teilte die Staatsanwaltschaft Krems, die den Fall untersucht, dem Verteidigungsministerium mit.

Welche Konsequenzen der Minister zieht, ist zum Zeitpunkt des Abschlusses des Buches offen. Eines will Verteidigungsminister Hans Peter Doskozil aber verhindern: Pauschalverurteilungen des Systems des Grundwehrdienstes und des Beitrages der Grundwehrdiener. »Ohne die Leistungen unserer Grundwehrdiener könnte das Bundesheer seine Aufgaben nicht erfüllen. Sie sind eine tragende Säule unseres Systems. Sie haben sich dafür entschieden, der Republik im Heer zu dienen und sich für die Sicherheit der Bevölkerung einzusetzen.«

V.

Migration

»Es geht darum, das tödliche Geschäft der Schlepper zu zerstören.«

Experten sind sich einig: Auch in den nächsten Jahren ist kein Nachlassen des Migrationsdrucks gegenüber Europa zu erwarten – solange sich die Lage in den Herkunftsländern der Flüchtlinge nicht grundlegend ändert. Zusätzlich verstärkt wird diese Situation durch fehlende Rückführungsabkommen mit den Herkunftsländern und durch eine immer noch äußerst fragile Situation in Rücksiedlungszonen der Kriegsgebiete, etwa in Nordsyrien. Für den Fall, dass sich die Lage in den Krisenländern wie Ägypten, Äthiopien und Afghanistan verschlechtert, ist zudem von einem deutlichen Anstieg des Migrationsdrucks auszugehen. Hinzu kommt ein unzureichender EU-Außengrenzschutz. Das Fazit: Die europäischen Staaten, insbesondere die Eintritts- und Zielländer, könnten noch stärker als bisher unter Druck kommen.

Diese brisante Analyse bezieht sich auf den gesamten Krisenbogen um Europa: auf die östliche Mittelmeerroute (Afghanistan, Pakistan, Syrien, Irak), auf die zentrale Mittelmeerroute (Libyen, Ägypten, Äthiopien, Nigeria) und die westliche Mittelmeerroute (westafrikanische Staaten). Die Fluchtmotive (Push-Faktoren) sind Sicherheitsbedrohungen, Armut, Klimawandel und Bevölkerungsentwicklung. Das führt zu der dramatisch hohen Zahl an Migranten: Rund 80 Millionen Menschen – so die Schätzung der UNO – sind unterwegs, einen Teil dieses Migrationspools hat Europa zu bewältigen. Das Thema »Flüchtlinge« ist heute in aller Munde und mit all den Herausforderungen und Friktionen ein bestimmender Faktor der politischen Agenda Europas.

Der entscheidende Push-Faktor zum Verlassen Afrikas, von wo derzeit die meisten Flüchtlinge in die EU kommen, ist die schlechte sozio-ökonomische Lage in den meisten Ländern des Kontinents, gepaart mit hohen Geburtenraten und autokratischen Regierungen. Gewaltsame Konflikte und auch Klimakatastrophen wirken sich derzeit noch vorrangig auf die afrikanische Binnenmigration aus. Hält die Dürre, wie aktuell in Ostafrika, über mehrere Jahre an, wird das direkte Auswirkungen auf die Migration nach Europa haben.

Die illegale Migration aus Afrika nach Europa ist derzeit für die EU die größte Herausforderung. Sie basiert auf einem Geschäftsmodell mit immensen Umsätzen in Milliarden-Euro-Höhe. Pro Flüchtling reicht die Spanne von 800 Euro für die Strecke von der libyschen Küste bis zur Seenotrettung, bis zu 5.000 Euro kostet die Reise aus Ostafrika über Kufrah (Libyen) bis zur Seenotrettung. Die aktiv an diesem Geschäft Beteiligten umfassen Schlepper-Organisationen, involvierte Rebellengruppen, terroristische Gruppierungen bis hin zu korrupten Regierungsstellen bzw. Behördenvertretern. Alle diese beteiligten Gruppen sind an einer Gewinnsteigerung interessiert, agieren proaktiv und locken Unentschlossene mit Versprechungen zur Migration.

Bisher sind alle Maßnahmen zur Bekämpfung der illegalen Migration in den Herkunftsländern gescheitert. Finanzielle Unterstützung der internationalen Gemeinschaft und Projekte zur Verbesserung der Infrastruktur und zur Schaffung von Arbeitsplätzen zeigen noch keine Auswirkung auf die Fluchtbewegungen. Zum anderen sehen viele Regierungen in den Herkunftsländern die Abwanderung von Teilen der Bevölkerung als Möglichkeit, die aus Bevölkerungswachstum und Arbeitslosigkeit entstehenden Probleme zu minimieren. Darüber hinaus werden die finanziellen Rückflüsse aus der Diaspora in die Heimat als Entlastung für die nationalen Budgets betrachtet.

Neueste Zahlen der Internationalen Organisation für Migration (IOM) gehen davon aus, dass ca. 700 Millionen Afrikaner den Wunsch äußern, ihre Heimat zu verlassen; davon entfallen zwölf bis 15 Millionen Personen auf eine Binnenmarktmigration, der Rest drängt nach Europa.

Unterschiedliche europäische Nachrichtendienste gehen einhellig davon aus, dass die aktuellen politischen Machtgruppen in Libyen – eine funktionierende Regierung gibt es ja nicht – keinen Willen zeigen, die illegale Migration von Libyen aus zu unterbinden. Auch in den nächsten Jahren sei dies nicht zu erwarten. Der von der EU und den Vereinten Nationen anerkannte Ansprechpartner, die Regierung der Nationalen Einheit, die in Tripolis sitzt, übt nicht die Kontrolle über ihr nahestehende Milizen aus, das Gegenteil ist der Fall: Die Milizen, die mit Schleppern kooperieren oder selbst Schlepper sind, üben Einfluss auf die Regierung der Nationalen Einheit aus.

Abgesehen vom fehlenden Engagement der libyschen Machtpole fehlt es in diesem »failed state« auch an ausreichenden finanziellen Mitteln, um die Grenzen zu kontrollieren und die Ausreise der Flüchtlinge zu stoppen. Bisherige EU-Maßnahmen, wie die Ausbildung von einigen Dutzend Beamten der Küstenwache und Geldüberweisungen haben bisher noch keine Erfolge gezeigt. Internationale Hotspots und/oder eine Mission zur Überwachung der Grenze zu den afrikanischen Ländern werden von allen politischen Kräften in Libyen und der Bevölkerung – ebenso wie von vielen europäischen NGOs – abgelehnt. Darüber hinaus lässt die aktuelle Sicherheitslage derartige Maßnahmen gar nicht zu.

In den anderen Staaten des Maghreb – Tunesien, Algerien und Marokko – ist laut Studien nicht zu erwarten, dass sich die Zahl der illegalen Migranten nach Europa im Vergleich zu 2016 wesentlich erhöht. Allerdings fehlt es auch diesen Ländern an Geld, ihre Staatsgrenzen Richtung Subsahara-Afrika besser kontrollieren bzw. schließen zu können.

Als Brennpunkt in Nordafrika erweist sich Ägypten mit seinen derzeit geschätzt 93 Millionen Einwohnern. Ägyptens Politik und Wirtschaft ist mit einem Bevölkerungswachstum von rund 1,8 bis zwei Millionen Menschen pro Jahr konfrontiert. Armut und Arbeitslosigkeit nehmen zu, rund 52 Prozent der Bevölkerung sind Analphabeten. Ausbleibende Wirtschaftsreformen, Devisenmangel, eine sozio-ökonomische Schieflage, Unterdrückung der Zivilgesellschaft, Terroranschläge und eine zunehmende Unzufriedenheit der Bevölkerung lassen die Migrationswilligkeit der besser ausgebildeten Ägypter steigen. Laut Prognosen könnten sich schon demnächst in einer ersten Welle bis zu 1,5 Millionen junge Ägypter auf den Weg in die EU machen. Das Kalkül der Regierung von Abdel Fattah el-Sisi: Durch die Auswanderung gibt es weniger Kritiker im Inland und die von ihnen geleisteten Auslandsüberweisungen könnten die Wirtschaftslage vieler Familien verbessern.

Ägyptenkenner sagen, dass sich im Land am Nil eine neue Revolution abzeichnet, die entlang der Linie Arm gegen Reich verlaufen dürfte.

Völlig instabil ist nach wie vor die Lage im Nahen und Mittleren Osten. Rund 363.000 Syrer stellten alleine im Jahr 2015 einen Erst-Asylantrag in der EU. Eine weitreichende Rückkehrwelle ist nicht erwartbar, im Gegenteil: Ein Nachzug von Familienangehörigen in die EU ist wahrscheinlich.

Besonders prekär ist die Lage in Afghanistan. Terroranschläge der Taliban und eine desaströse Wirtschaftslage lassen viele Menschen aus Afghanistan zunächst in das benachbarte Pakistan und in den Iran fliehen. Viele ziehen aber auch weiter nach Europa. Auch für Afghanistan gilt: Der Migrationsdruck wird wegen der sich verschärfenden Sicherheitslage sowie der sozio-ökonomischen und humanitären Bedingungen weiter ansteigen. Auch wenn der Iran ein Nadelöhr ist (30 Prozent der Flüchtlinge werden hier aufgegriffen, zurückgeschickt oder kommen in eine Anti-IS-Truppe) und der Weg über den Balkan nicht mehr so durchlässig ist, versuchen afghanische Flüchtlinge dennoch über die östliche Mittelmeerroute in die EU zu kommen.

Diese dramatischen Migrationsszenarien, die damit verbundenen sicherheitspolitischen Implikationen und die innerösterreichische Flüchtlingsdebatte beschäftigen Hans Peter Doskozil von Anfang an in seinem neuen Job als Verteidigungsminister.

»Zivil-militärische EU-Mission«

Hans Peter Doskozil ist gerade gut eine Woche im Amt, als er mit einer Forderung aufhorchen lässt: Für den Schutz der Außengrenzen der Europäischen Union soll eine »zivil-militärische EU-Mission« sorgen, auch österreichische Soldaten könnten daran teilnehmen[50] – und er fügt noch hinzu, dass diese Mission rasch an der griechisch-mazedonischen Grenze, über die täglich mehrere Tausende Flüchtlinge nach Mitteleuropa kommen, eingesetzt werden könnte.

Anfang Februar 2016 sind die griechisch-mazedonische Grenze und die Balkanroute noch nicht dicht. Nach der Westbalkan-Konferenz am 24. Februar 2016, die auf Initiative Österreichs in Wien stattfindet, und der dort vereinbarten Schließung der Grenze an der griechisch-mazedonischen Grenze bei Idomeni, ist die Balkanroute, über die im Jahr 2015 rund 700.000 Menschen in die EU kamen, faktisch geschlossen. Als am 9. März 2016 Slowenien keine Flüchtlinge mehr durchlässt, ist der Flüchtlingsweg von der Türkei über Griechenland nach Nordwesteuropa abgeriegelt. Als Reaktion kündigen Kroatien und Serbien ihrerseits an, so wie Slowenien zu verfahren, nämlich die Grenzen zu schließen.

Dass die Westbalkanroute absolut undurchlässig ist, bestreiten Experten. Der deutliche Rückgang der Flüchtlinge, die sich von Griechenland nach Mitteleuropa bewegen, hängt aber ganz wesentlich auch mit dem EU-Türkei-Deal zusammen, der am 18. März 2016 bei einem eigenen Türkei-Gipfel in Brüssel vereinbart wurde[51]. Nachrichtendienste schreiben in internen Berichten, dass die Westbalkanroute maximal gedämpft sei, keine Grenze könne zu hundert Prozent dicht sein. Es machen sich nach wie vor täglich Flüchtlinge neu auf den Weg. Von Jänner bis März 2017 werden in Österreich 6.480 Asylanträge gestellt. Davon werden 4.136 zugelassen und 2.344 Anträge abgelehnt[52]. Bis Anfang Juli 2017 sind in Österreich rund 10.000 Asylanträge eingegangen. »Diese Menschen müssen ja von irgendwoher kommen«, stellt Hans Peter Doskozil nüchtern fest.

Für ihn gibt es keinen Zweifel, dass durch »die diplomatischen Anstrengungen aller Regierungen am Westbalkan inklusive Ungarn, Österreich und Slowenien, Grenzsicherungen entlang der Route etabliert wurden. Diese Grenzsicherungsmaßnahmen haben zu einem drastischen Sinken der Zahlen der Asylwerber geführt. Das ist ein Erfolg, den man nicht kleinreden sollte«, sagt Hans Peter Doskozil. Aber: »Ich stütze mich immer auf Fakten, und Faktum ist, dass nach wie vor ein hoher Prozentsatz der Asylwerber in Österreich über die Westbalkanroute zu uns kommen.« In der ersten Jahreshälfte 2017 gibt es nach Angaben des Innenministeriums rund 12.500 Asylwerber in Österreich.

Zurück zu den Migrationsplänen des Verteidigungsministers, die er kurz nach seiner Angelobung am 26. Jänner 2016 ausgearbeitet hat: Er macht dies, weil er in der SPÖ der so genannte Spiegelminister zum Innenminister ist, und er versteht Sicherheit als umfassendes Konzept und als Raison d'être des Staates.

Taktisch klug wählt er den Zeitpunkt der Forderung nach einer zivil-militärischen Mission an neuralgischen Stellen der EU-Außengrenze: Am 4. Februar nimmt er nämlich das erste Mal an einem informellen Verteidigungsministerrat in Amsterdam teil. Bei diesem Treffen der EU-Ressortchefs, das Europas Chefdiplomatin Federica Mogherini leitet und zu dem auch NATO-Generalsekretär Jens Stoltenberg eingeladen ist, geht es um einen Informationsaustausch in der Migrationsfrage und die sicherheitspolitische Herausforderung, ausgelöst durch die Flüchtlingskrise.

Der neue österreichische Minister hat hier ganz klare Vorstellungen: Mit der Erfahrung seines Krisenmanagements am Höhepunkt der Flüchtlingskrise an der österreichisch-ungarischen Grenze kennt er die Probleme im Detail, er will staatliches Handeln, Kontrolle und Souveränität in der Migrationspolitik zurückerobern, um den Menschen ein Gefühl von Sicherheit zurückzugeben.

In diesem Zusammenhang erzählt er gerne die Geschichte, wie er den Massenansturm von Flüchtlingen im burgenländischen Nickelsdorf erlebt hat: »Ich bin der Meinung, dass die Regierung absolut richtig gehandelt hat. Als in Nickelsdorf kurzzeitig Transportkapazitäten gefehlt haben, haben sich Hunderte Flüchtlinge zu Fuß auf den Weg gemacht und sind durch die Dörfer marschiert. Ich habe sofort gemerkt, wie die Stimmung in der Bevölkerung gegen die Flüchtlinge umgeschlagen hat. Es war von Anfang an klar, dass die unkontrollierte Massenmigration kein Dauerzustand sein kann.«

Wie sehr dem Staat und seinen Organen die Handlungskompetenz entglitten ist, zeigt ein anderes Beispiel, das Hans Peter Doskozil gerne erwähnt: »Als später die Bilder aus Spielfeld in den Medien rauf und runter gezeigt wurden, als eine hohe Anzahl von Flüchtlingen an den hilflos wirkenden Polizisten vorbeigeströmt ist, hat die Republik Österreich ein verheerendes Bild abgegeben, nämlich jenes, dass wir die Kontrolle verloren haben. Es war absolut notwendig, die Kontrolle wiederzuerlangen und zu zeigen: Österreichs Regierung unternimmt alles, um wieder Ordnung herzustellen. Ein funktionierender Staat basiert auf Regelwerken, die das Zusammenleben ordnen. Wenn diese Ordnung verloren geht, steht alles auf dem Spiel, auch unsere Demokratie.«

Von Anfang an verfolgt Hans Peter Doskozil als Verteidigungsminister eine doppelte Strategie: Solange sich die EU nicht zu einer gemeinsamen Flüchtlings- und Asylpolitik durchringt, solange muss ein Mitgliedsland auch selbst die Lösung der Probleme anpacken. Das bedeutet nationalen Grenzschutz und als letztes Mittel Grenzschließungen. Doskozil verlangt neben nationalen Maßnahmen gleichzeitig auch einen stärkeren gemeinsamen Außengrenzschutz, weil sich zeigt, dass die Europäische Agentur für die Grenz- und Küstenwache (Frontex) diese Aufgabe alleine nicht schafft. »Das Flüchtlingsproblem lässt sich nur gemeinsam und solidarisch auf Dauer lösen. Bis es so weit ist, setzen wir auf nationale Maßnahmen wie den verstärkten Grenzschutz«, ist der Minister überzeugt[53].

Er versteht nicht, warum viele in Europa in der Flüchtlingsfrage noch heute zu langsam und »zu realitätsfremd« agieren. »Manche haben noch immer nicht verstanden, dass Europa vor der größten Herausforderung seit Jahrzehnten steht. Nach meinen Informationen agieren EU-Kommission und Frontex viel zu bürokratisch. Der Grenzschutz ist kein 08/15-Einsatz, er ist nicht wie jeder andere Einsatz. Wir müssen neue Wege gehen, und das sehr rasch. Man sollte diskutieren, den Prozess wie bei einer zivil-militärischen EU-Mission aufzusetzen. Es braucht eine gemeinsame europäische Überwachungskapazität. Das könnte eine EU-Mission von zivilen Beamten, Polizei und Soldaten sein«[54], lautet der Vorschlag von Hans Peter Doskozil.

Bei diesem ersten Zusammentreffen mit EU-Amtskollegen weist er auch auf die sicherheitspolitische Bedeutung von militärischen Auslandseinsätzen hin als Faktor, Konfliktregionen zu stabilisieren und dadurch Fluchtbewegungen einzuschränken: »Auslandsoperationen sind wichtig, um das Sicherheitsumfeld zu beruhigen und zu kontrollieren. Nur so können Migrationsströme in Zukunft reduziert werden. Es geht darum, dort für Stabilität zu sorgen, wo Krisen entstehen und Menschen dann gezwungen sind, ihre Heimat zu verlassen.«

Er spricht auch die Lage in afrikanischen Ländern an, aus denen immer mehr Menschen fliehen. »Afrika gewinnt enorm an Bedeutung für Europa und Österreich. Man denke nur an Klimawandel und Terrorismus. Damit die Probleme nicht weiter nach Europa exportiert werden, muss auf verschiedenen Ebenen für Stabilität gesorgt werden. Es muss gelingen, in Afrika die Wirtschaft zu stärken, Investitionen zu forcieren, Infrastruktur auszubauen, Jobs zu schaffen und die Ausbildung der Menschen zu verbessern. Hier müssen Programme und Projekte – abseits der klassischen Entwicklungshilfe – aufgebaut werden, die auch private Unternehmen und Investoren anlocken. Ein afrikanischer Kontinent, der sich wirtschaftlich entwickelt, ist im ureigenen Interesse Europas. Sonst werden die Probleme, die es in Afrika gibt, unweigerlich nach Europa überschwappen. Das ist ein weiter und beschwerlicher Weg, aber man muss ihn gehen. Es braucht auch menschenwürdige Zustände vor Ort, damit Flüchtlinge in ihre Heimat zurückkehren können.«

Hans Peter Doskozil betont stets, dass sein Zugang zur Eindämmung des Flüchtlingsstromes ein »pragmatischer und realitätsbezogener« ist. »Meine Prämisse dabei ist immer: Einhaltung von Rechtsstaatlichkeit und Humanität. Das war mein Prinzip als Landespolizeidirektor im Burgenland, und das ist mein Prinzip als Verteidigungsminister.«

Was er im KURIER-Interview kurz nach seinem Amtsantritt skizziert und im Kreise seiner Ministerkollegen beim informellen Treffen in Amsterdam deutlicher und präziser ausführt, verfestigt sich rasch zu einem stringenten Konzept zur Lösung der Migrationskrise, seinem so genannten »Vier-Punkte-Plan«, einem europäischen Gesamtkonzept zur Eindämmung des Flüchtlingsstromes.

Konkret geht es um vier Maßnahmen, die von den EU-Regierungen und den EU-Institutionen und den Regierungen der Mitgliedsländer gemeinsam und synchron als Gesamtpaket durchgesetzt werden sollten, um wirksam und auf Dauer nachhaltig zu sein.

1. Schutzzonen und Verfahrenszentren

Außerhalb der EU, etwa im afrikanischen Niger, sollten Verfahrenszentren eingerichtet werden, in denen geprüft wird, ob ein Flüchtling Recht auf Asyl in der EU hat. Das setzt ein einheitliches Asylverfahren in der EU voraus, das es aber noch nicht gibt. Ausschließlich in diesen Verfahrenszentren sollten die Asylverfahren nach Menschenrechtsstandards und EU-Recht durchgeführt werden. »Das verhindert eine gefährliche Durchquerung der Sahara, bei der bereits Flüchtlinge sterben, und hält die Menschen auch davon ab, in Boote zu steigen, um den gefährlichen Weg nach Europa zu nehmen«, erklärt der Minister. Laut Amnesty International sind allein im ersten Halbjahr 2017 bereits mehr als 2.000 schutzsuchende Menschen im Mittelmeer ertrunken[55].

»Es geht darum, das tödliche Geschäft der Schleuser zu zerstören. Solche Verfahrenszentren würden der mafiösen Schlepper-Kriminalität die Geschäftsgrundlage entziehen und damit illegale Migration stark eingrenzen. Außerdem würde das Sterben im Mittelmeer dadurch beendet werden«, betont Hans Peter Doskozil. Das Geschäftsmodell der Schlepper lukriert derzeit weltweit mehr Gewinn als der Drogenhandel.

2. Effektiver Schutz der EU-Außengrenze

Hans Peter Doskozil unterstreicht, dass beim Schutz der EU-Außengrenze auch militärische Kapazitäten einzusetzen seien, etwa durch Soldaten, die Erfahrung mit internationalen Einsätzen haben.

»Ein effektiver Außengrenzschutz der Europäischen Union ist absolut notwendig, wollen wir die illegale Migration weiter eindämmen. Die EU musste eingestehen, dass ihre Außengrenzen nicht ausreichend geschützt waren. Frontex war damit überfordert.« Derzeit machen Länder an der Peripherie der EU nationalstaatliche Anstrengungen, die Grenzen zu schützen, etwa an der bulgarisch-türkischen oder an der ungarisch-serbischen Grenze. »Sinnvoller wäre, eine EU-Grenzschutzmission zu etablieren, wo Polizei, Militär und zivile Kräfte eng zusammenarbeiten und die Außengrenzen schützen. Das Militär hat in vielen europäischen Ländern hohe personelle Ressourcen, die man einsetzen kann. Das Heer kann wesentlich zur Grenzsicherung beitragen, nach dem Vorbild des Assistenzeinsatzes in Österreich«, skizziert Doskozil seinen Vorschlag.

3. Abkommen über Rückführungen mit den Herkunftsländern von Flüchtlingen

»Wenn ein Flüchtling kein Anrecht auf Asyl hat, dann muss er in sein Herkunftsland zurück«, sagt Hans Peter Doskozil. Er verlangt, dass Rückführungen und Rückführungsabkommen eine EU-Kompetenz werden müssen. »Die EU hat viel mehr Gewicht, um Abkommen auszuhandeln. Rückführungen sollten von den Abkommen bis hin zur operativen Umsetzung von der EU durchgeführt werden.« Allerdings ist die EU beim Verhandeln von Rückführungsabkommen noch nicht so weit, weil die Partnerländer für so ein Abkommen auch eine entsprechende finanzielle Unterstützung verlangen. Auch Spanien investierte für sein Abkommen mit Marokko viel Geld.

Jene Personen, die kein Recht auf Asyl haben, sollen umfassend informiert und in ihr Herkunftsland zurückgebracht werden. Freiwillige Rückführungen sind zu unterstützen. Demnach gibt es grundsätzlich drei Szenarien:
- Das Herkunftsland kooperiert mit der EU und nimmt seine Staatsbürger vorbehaltlos wieder auf.
- Das Herkunftsland ist bereit, seine Staatsbürger zurückzunehmen, hat aber keine oder begrenzte Kapazitäten für die Wiedereingliederung in die ursprüngliche Lebensumgebung. In diesem

Falle wären Hilfestellung wie Beratung, weiterführende Integrationsmaßnahmen und finanzielle Unterstützung sowie wirtschaftliche Investitionen nötig, um Arbeitsplätze zu schaffen. Wenn das Herkunftsland nicht gewillt ist, seine eigenen Staatsbürger aufzunehmen, erfolgt eine Rückführung in die sichere Schutzzone. In Schutzzonen sollen auch jene Menschen gebracht werden, die illegal in die EU eingereist sind.

4. Gemeinsame Asyl- und Flüchtlingspolitik und Quotensystem

Trotz der EU-Regelung vom September 2015, die Flüchtlinge, die sich in Italien und Griechenland aufhalten, nach einem Quotensystem auf alle übrigen EU-Staaten zu verteilen, gibt es hier kaum Fortschritte. Vor allem Ungarn, Polen und die Slowakei sowie auch Tschechien, also die Gruppe der Visegrád-Staaten, weigern sich, 160.000 Flüchtlinge aus Italien und Griechenland aufzunehmen. Nur rund 10.000 sind bis zum Sommer 2017 verteilt worden.

Doskozil plädiert nicht nur für mehr Solidarität bei der Aufnahme von Migranten, sondern dafür, das »Flüchtlings- und Asylsystem in der EU komplett neu zu denken. Wir müssen die illegalen Einreisen unterbinden. Im Gegenzug soll es nur noch ein geordnetes System der legalen Einreise für Asylberechtigte geben«. Asylanträge und deren Bearbeitung sollten – wie im Punkt 1 ausgeführt – nur noch außerhalb der EU möglich sein. Erst nach ausführlicher Prüfung des Asylantrages soll es in Zukunft erlaubt sein, eine begrenzte Anzahl von Personen legal in die EU einreisen zu lassen. »Dabei ist jedoch auf die Kapazitätsgrenze, was die Integration von Asylberechtigten betrifft, zu achten.«

Gescheitert ist laut Doskozil auch das derzeit gültige »Dublin-III-System«, das vorschreibt, dass das erste EU-Land, das der Flüchtling erreicht, für die Behandlung des Asylantrages zuständig ist. Da die meisten Migranten in Griechenland und Italien ankommen und nicht per Flugzeug auf einem Airport in Mitteleuropa landen, müssten die exponierten Länder, wie eben Italien oder Griechenland, die gesamte Last und Verantwortung tragen. Das ist nicht nur nicht fair, sondern praktisch gesehen unrealistisch.

Bereits im Juni 2016 verständigt sich Verteidigungsminister Doskozil mit Innenminister Wolfgang Sobotka und Außenminister Sebastian Kurz im Rahmen eines »Aktionsplanes für Europa« darauf, Verfahrenszentren für Asyl und Migration außerhalb Europas zu errichten. Im neuen Arbeitsprogramm der Bundesregierung vom Jänner 2017 findet sich der »Aktionsplan für Europa« wieder.

Hartnäckig wiederholt Hans Peter Doskozil bei jedem EU-Treffen und internationalem Termin seinen Forderungskatalog und appelliert an ein gemeinsames Vorgehen. Dieses abgestimmte Vorgehen gibt es aber nicht, die osteuropäischen Mitgliedsländer, allen voran Ungarn und Polen, verweigern jede Solidarität bei der Aufnahme von Flüchtlingen, pflegen ihre Egoismen und ziehen sich in ihren nationalistischen Kokon zurück. Und die EU-Kommission, die Hüterin des gemeinsamen europäischen Interesses und der Verträge, wirkt in der Flüchtlingsfrage machtlos, auch wenn sie ständig neue Papiere und Vorschläge präsentiert, die in vielen Fällen aber nicht umgesetzt werden.

»Die verfehlte europäische Asylpolitik muss endlich in die richtigen Bahnen gelenkt werden. Wir müssen uns eingestehen, dass die Aufnahmekapazitäten in der EU begrenzt sind. Illegale Einreisen müssen der Vergangenheit angehören. Es darf nur noch ein geordnetes System der legalen Einreise für Asylberechtigte geben. Das Stellen von Asylanträgen soll daher in Zukunft nur noch außerhalb der EU möglich sein«, verteidigt Hans Peter Doskozil seinen Plan vor dem informellen Treffen der Verteidigungsminister am 27. April 2017 auf Malta.

Kritik von Migrationsexperten an Rückführungen von Flüchtlingen weist Hans Peter Doskozil mit folgendem Argument zurück. »Ich wundere mich darüber, dass alle über Libyen reden und sagen, dass man diese Zentren dort nicht installieren kann.

Dieser Meinung bin ich auch, da Libyen ein Bürgerkriegsland ist. Das heißt aber nicht, dass man diese deshalb in Afrika gar nicht errichten kann. Ich bin der Meinung, dass die Verfahrenszentren im Niger gemacht werden könnten. Dort sollen dann alle ein Verfahren nach EU-Standards erhalten.«

Realistisch stellt er ein Jahr nach seinen Bemühungen zur Umsetzung seines Vier-Punkte-Planes auf EU-Ebene fest, dass »wir in Europa derzeit noch weit davon entfernt sind, diese Punkte auch zu realisieren. Erstens sind sich die Mitgliedsstaaten innerhalb der EU in der Frage nicht gänzlich einig, und zweitens legt die EU-Spitze selbst zu wenig Gewicht in die Waagschale, um das Migrationsproblem entschlossen und konsequent zu lösen«.

Zustimmung für seinen Plan bekommt Doskozil von unerwarteter Seite. Der Europarat, die Institution am Kontinent zur Verteidigung der Menschen- und Minderheitenrechte, der Rechtsstaatlichkeit sowie der Demokratie, beschließt Ende Juni 2017, dass die »Rückführungen abgelehnter Asylwerber unmittelbar behandelt werden müssen. Die große Zahl irregulärer Migranten stellt eine Bedrohung für das ganze Asylsystem und die soziale Stabilität dar«, heißt es in einer Resolution der Parlamentarischen Versammlung in Straßburg[56]. In vorsichtiger Diplomatensprache wird außerdem ein »ernsthaftes Nachdenken über die Schaffung von Hotspots außerhalb Europas« gefordert. Und damit meinen die Abgeordneten zum Europarat nichts anderes als Schutz- und Verfahrenszentren.

Nüchtern stellen die Parlamentarier aus allen Mitgliedsländern des Europarates in ihrer Entschließung fest, dass die Umsetzung des Flüchtlingsdeals zwischen der EU und der Türkei sowie die Schließung der Balkanroute keinen Einfluss auf die Zahl der Flüchtlinge aus Nordafrika nach Italien haben. »Selbst wenn die Zahl der Ankommenden nach Italien um mehr als 30 Prozent in den ersten fünf Monaten 2017 gestiegen ist, ist dieses Phänomen mit der instabilen Situation in Libyen verbunden, und mit dem steigenden Zustrom von Migranten aus verschiedenen afrikanischen Ländern«, heißt es in dem Papier[57]. Die zentrale Mittelmeerroute rückt im Sommer 2017 in den Fokus der österreichischen Debatte. Die Forderung nach »vollständiger Schließung der Mittelmeerroute«, die der österreichische ÖVP-Chef und Außenminister Sebastian Kurz mehrmals verlangt hat, hat zahlreiche Reaktionen von Zustimmung über Skepsis bis hin zu völliger Ablehnung aufgrund humanitärer Einwände, wie z. B. der nicht vorhandenen staatlichen Strukturen und chaotischer Zustände in Libyen, zur Folge.

Kann man die Mittelmeerroute schließen?

»Vollständig nicht«, sagt Hans Peter Doskozil. »Aber man kann Maßnahmen setzen, um die illegale Migration übers Mittelmeer drastisch einzudämmen.« Und damit meint er eine Bündelung von Maßnahmen, wie er sie in seinem Vier-Punkte-Plan ausgeführt hat. Dazu kommt eine Wirtschafts- und Investitionsoffensive in afrikanischen Ländern.

Im Frühsommer 2017 nimmt die Migration über das Mittelmeer stark zu. Anfang Juli 2017 ruft Italien laut um Hilfe. Nach Angaben des italienischen Innenministeriums sind mit Stand Ende Juli/Anfang August mehr als 95.000 Flüchtlinge seit Beginn des Jahres in Sizilien, Kalabrien und auf Sardinien über die zentrale Mittelmeerroute kommend eingetroffen[58], das sind laut römischem Innenministerium um bis zu 30 Prozent mehr Flüchtlinge als im Vergleichszeitraum des Vorjahres. Und die Prognosen für den Rest des Jahres 2017 gehen davon aus, dass es bis zu 220.000 illegale Migranten – manche sprechen bereits von 300.000 – bis Ende 2017 sein könnten, die aus Libyen, aber mittlerweile auch aus anderen nordafrikanischen Ländern, die europäischen Küsten erreichen[59].

In den ersten Augusttagen 2017 gibt das italienische Innenministerium plötzlich Entwarnung. Die Anzahl der Menschen, die im Juli die gefährliche illegale Seereise von Libyen nach Italien wagten, sei im Vergleich zum Juli 2016 um mehr als die Hälfte gesunken. In Zahlen: 11.100 illegale Einwanderer stranden im Juli 2017 in Italien, ein Jahr zuvor kamen 23.500 Menschen an. Als Grund für diesen plötzlichen Rückgang – trotz guten Wetters und in der Flüchtlingshochsaison – nennt die römische Regierung Bemühungen um die Stabilisierung Libyens, Hilfen für die libysche Küstenwache und den Druck auf NGOs.

Experten der Organisation für Migration (IOM) interpretieren die Zahlen vorsichtig, es sei »zu früh, von einem Trend zu sprechen«, die Prognosen, dass die Zahl der ankommenden Flüchtlinge steigt, gelte nach wie vor.

Ein Großteil der ankommenden Migranten sind Wirtschaftsflüchtlinge und keine Kriegsflüchtlinge, wie sie 2015 und Anfang 2016 aus Syrien und dem Irak in die EU eingereist sind. Die Zahl der Bootsflüchtlinge, die von der nordafrikanischen Küste nach Italien kamen, hatte 2016 einen Höchststand erreicht: 183.000 Flüchtlinge landeten am italienischen Festland. 2015 waren es noch 170.000 gewesen.

Die meisten der 2017 eingetroffenen Migranten in Italien stammen aus Nigeria, Côte d'Ivoire (Elfenbeinküste) und Gambia. Italien versorgt derzeit etwa 180.000 Flüchtlinge in Hotspots und anderen Einrichtungen. Anfang Juli 2017 verfügt Italien über keine Kapazitäten mehr zur Unterbringung von Flüchtlingen. Knapp 10.000 unbegleitete Flüchtlinge, darunter sehr viele Mädchen, sind in den ersten Monaten des Jahres 2017 in Italien eingetroffen.

Sicherheitsdienste gehen davon aus, dass die zentrale Mittelmeerroute als wichtigste Route fortbestehen werde, an Bedeutung dürfte aber die westliche Mittelmeerroute gewinnen, weil viele Migranten nicht mehr über Libyen in die EU gelangen wollen. Ein »völliges Dichtmachen« oder eine »Festung Europa« wird in internen Dokumenten verschiedener EU-Regierungen – unabhängig von humanitären Motiven – als organisatorisch unmöglich betrachtet. Professionell agierende Schlepper-Organisationen erschließen sich mit der Änderung der Rahmenbedingungen (Kontrolle der Balkanroute, ungarischer Grenzzaun) ständig neue Routen. So werden derzeit für die illegale Migration immer stärker Rumänien und die Ukraine genutzt.

Hilferuf aus Italien

Der neue Flüchtlingsandrang, den Italien im Sommer 2017 verzeichnet, stellt einen beispielhaften Stresstest für den Zustand der EU dar. Der italienische Premier Paolo Gentiloni macht Druck und stellt die Brüsseler EU-Institutionen sowie die EU-Partner auf die Bewährungsprobe. Unermüdlich verlangt er eine gerechtere Verteilung bei der Flüchtlingsaufnahme, und er warnt vor möglichen feindseligen Reaktionen der Bevölkerung gegen Migranten, sollte die Flüchtlingswelle nicht nachlassen. Selbst das Gerücht, Italien werde temporäre Visa für die Weiterreise an Migranten verteilen, macht die Runde, die römische Regierung hat das dementiert. Italien habe bisher große Aufnahmebereitschaft bewiesen, doch die Integrationskapazitäten des Landes seien nicht unerschöpflich[60], klagt Gentiloni. Auch die Unterbringungskapazitäten in den 14 Lagern landesweit sind überfüllt – es gibt insgesamt 27.000 reguläre Plätze und 140.000 außerordentliche Notkapazitäten, die längst ausgeschöpft sind. Das italienische Rote Kreuz bezeichnet die Lage in den Aufnahmezentren im Süden, in denen die Flüchtlinge registriert werden, als »kritisch«. Hotels, alte Kasernen und Fabriksgelände werden angemietet, um Flüchtlinge unterzubringen. Selbst italienische Geheimdienste wissen nicht, wie viele Migranten sich insgesamt in Italien aufhalten, Flüchtlinge, die in den vergangenen Jahren gekommen sind, und nicht – wie viele andere – nach Deutschland weitergezogen sind. Doch die Regierung in Rom hat offenbar die Befürchtung, dass das System nun an seine Grenzen stoßen könnte, das berichten in den ersten Juli-Tagen 2017 mehrere internationale Zeitungen[61].

Verständlich, dass sich Italiens Regierung laut und deutlich zu Wort meldet und die EU-Partner um Unterstützung ersucht. Einige EU-Staaten – allen voran die Visegrád-Länder – tun so, als ginge es sie nichts an, dass Italien seiner geografischen Lage wegen zum riesigen Einfallstor für Migranten in die EU geworden ist.

Was Italien zu seinem verschärften Druck auf die EU-Institutionen in Brüssel und die Regierungen der Mitgliedsländer veranlasst, ist nicht nur die Zahl von rund 90.000 Migranten von Jänner bis Mitte Juli 2017 und ihre Unterbringung. Aber Menschen täglich aus Seenot zu bergen, die auf dem offenen Meer in billigen Schlauchbooten von skrupellosen Schleppern ausgesetzt worden sind, ist ein anderer Aufwand, als sie an einer Landgrenze in Empfang zu nehmen. Mehr als 30 Prozent der Seenotrettungen wurden durch Nichtregierungsorganisationen in libyschen Gewässern durchgeführt. Diese Zahlen gehen aus internen Berichten der italienischen Regierung hervor. Roms Drohung, NGO-Schiffe voller Flüchtlinge nicht mehr in die Häfen einlaufen zu lassen, ist ein Verzweiflungsruf.

Eilig finden Anfang Juli EU-Treffen in Brüssel, Rom und Tallinn, der Hauptstadt Estlands, statt, die baltische Republik führt den EU-Vorsitz in der zweiten Hälfte 2017. Hilfspakete für Italien werden geschnürt, viele Versprechen abgegeben und mehr Unterstützung für die libysche Küstenwache soll es geben. Die EU-Politiker erwägen eine stärkere Kontrolle der Südgrenze von Libyen. Für den Aufbau von Flüchtlingslagern in Libyen nach internationalen Standards sollen internationale Hilfsorganisationen, wie UNHCR oder die Internationale Organisation für Migration (IOM), mehr Geld erhalten. Heftig umstritten ist ein Verhaltenskodex für Hilfsorganisationen, die Flüchtlinge vor Libyen aus Seenot retten. Trotz Kritik von Asylorganisationen wird dieser Kodex bei einem informellen Treffen der EU-Innenminister am 6. Juli 2017 in Tallinn verabschiedet.

Nichtregierungsorganisationen, die gegen den Kodex verstoßen, kann demnach die Einfahrt in italienische Häfen verweigert werden. Den privaten Seenotrettern wird auch die Kommunikation mit Schleppern verboten[62]. Den Kodex unterschreiben nicht alle Hilfsorganisationen.

Einsatz an der Brenner-Grenze

Was sich möglicherweise zu einer neuen Flüchtlingskrise oder zumindest zu einem neuen Streit über die Aufteilung von Flüchtlingen, über Zahlungen und Asylverfahren im Sommer 2017 auswachsen könnte, beginnt mit dem Hilferuf Italiens an die EU Anfang Juli – und nicht mit den fast zeitgleichen Warnungen aus Wien über einen möglichen Flüchtlingsansturm am Brenner, der sensiblen österreichisch-italienischen Grenze. Als Vorsichtsmaßnahme lässt Verteidigungsminister Hans Peter Doskozil vier Pandur-Fahrzeuge verlegen, das sind robuste Mannschaftswägen, die unbewaffnet sind und speziell modifiziert, um Straßen im Grenzgebiet absperren zu können. Außerdem stellt er 750 Soldaten für einen möglichen Assistenzeinsatz bereit[63]. »Vorsicht ist besser als Nachsicht. Ich kann nicht erst mit dem Planen beginnen, wenn es zu spät ist«, sagt der Minister. Hans Peter Doskozil hält einen entsprechenden Einsatz des österreichischen Bundesheeres »für unabdingbar, wenn der Zustrom nach Italien nicht geringer wird«[64]. Im Falle des Falles soll die Truppe binnen drei Tagen mit 750 Soldaten einsatzbereit sein.

Hans Peter Doskozil beobachtet seit Langem die Flüchtlingsbewegungen über das Mittelmeer und die ständig steigende Zahl von Ankünften in Italien. Noch bevor Italien an die EU-Partner appellierte, weist er auf die sich anbahnende neuerliche Flüchtlingskrise hin. Bereits am 12. Juni 2017 fasst er die Schließung der Grenze am Brenner als »letztes Mittel« ins Auge[65]. Hans Peter Doskozil verweist auf die Situation des Jahres 2015. »Derzeit ist es ähnlich, nur dass es diesmal die zentrale Mittelmeerroute und nicht die Westbalkanroute ist. Und genauso wie 2015 scheint es nur wenige in Brüssel zu interessieren«, kritisiert er das bisherige Verhalten in der EU-Zentrale als »unzureichend«. Die Wachsamkeit gegenüber den Flüchtlingsbewegungen in Italien sei notwendig. »Im Vergleich zum Sommer 2015 befindet sich Österreich, als direkter Nachbar Italiens, diesmal in einer noch exponierteren Lage«, sagt Doskozil Mitte Juni 2017. Und Österreich könne »jederzeit das Grenzmanagement am Brennerpass hochfahren, die Vorbereitungen sind getroffen«. Anfang August, mitten im deutschen Wahlkampf für die Bundestagswahl im September, meldet eine deutsche Migrationsbehörde, dass die Zahl illegaler Migranten in der zweiten Jahreshälfte 2017 steigen werde[66]. »Mehrere Indikatoren lassen einen Anstieg der illegalen Migration nach Deutschland in der zweiten Jahreshälfte erwarten«, heißt es in einem internen Bericht des »Gemeinsamen Analyse- und Strategiezentrums illegale Migration« (GASIM)[67]. Als Ursache für den Anstieg von illegalen Einwanderern werden die Mittelmeerroute, also Libyen, und die Kapazitätsgrenze in Italien gesehen.

Als Hans Peter Doskozil Anfang Juli 2017 Truppen und Gerätschaften nach Tirol verlegen lässt, wird er von ÖVP-Chef und Außenminister Sebastian Kurz sowie Innenminister Wolfgang Sobotka und dem Landeshauptmann von Tirol, Günther Platter, unterstützt. Sie alle stimmen Doskozil zu, dass es eine Entwicklung wie 2015 nie mehr geben dürfe.

Es hagelt aber auch massive Kritik: In Italien ist Wahlkampf, und italienische Medien laden das Thema emotional auf. Von »Panzern am Brenner« ist dort die Rede. Die italienische Regierung greift das Thema dankbar auf, um ihrerseits ein innenpolitisches Signal der Stärke zu setzen. Medienwirksam wird Österreichs Botschafter in Rom, René Pollitzer, ins Außenministerium bestellt, auch der italienische Präsident des Europäischen Parlaments, Antonio Tajani, ein Forza-Italia-Mann, ist empört über die angebliche österreichische Absicht, Panzer am Brenner zu stellen. In Wahrheit ging es nur darum, dass Österreich sich ordnungsgemäß vorbereitet, falls es zum Flüchtlingsansturm käme. Nicht ausgeschlossen bei den immer steigenden Zahlen in Italien. Trotzdem beharren die Italiener auf einer Klarstellung.

Nach einem Telefonat mit Ministerpräsident Paolo Gentiloni ist Bundeskanzler Christian Kern um Deeskalation bemüht: Gemeinsam versichern der Kanzler und Verteidigungsminister Hans Peter Doskozil, dass weder Kontrollen noch ein Bundesheer-Einsatz unmittelbar bevorstehen würden[68]. Österreich habe aber einen Notfallplan beschlossen, um eine Wiederholung der Situation von 2015 zu verhindern, als Tausende Flüchtlinge unkontrolliert über die Grenzen kamen.

Außerdem lobt Kern die »exzellente Arbeit« der italienischen Behörden und die »Effizienz der polizeilichen Kooperation«. Denn trotz der hohen Zahl an Flüchtlingen in Italien habe sich die Zahl der Aufgriffe in Österreich bis Juli 2017 kaum verändert. In den Sommer-Monaten sind es nach Angaben des Innenministeriums 70 bis 89 Aufgriffe illegaler Flüchtlinge in ganz Österreich, im März 2016 waren es im Tagesdurchschnitt 140 bis 150 Aufgriffe[69]. Es gebe derzeit keine Anzeichen, dass die italienischen Behörden die Situation nicht im Griff hätten. Italien brauche jetzt die europäische Solidarität, an der sich auch Österreich beteiligen werde, beruhigt der Bundeskanzler.

Freilich wäre die Wiedereinführung von Grenzkontrollen am Brenner nicht ohne Weiteres möglich. Im Schengen-Raum gilt nämlich Reisefreiheit, und einseitige Grenzkontrollen sind nur in Notfällen für maximal zehn Tage möglich. Der Rat der Mitgliedsländer kann dies auf bis zu zwei Jahre verlängern, was zuletzt im Rahmen der Flüchtlingskrise 2015 auch passierte: Hier hat die EU Grenzkontrollen an der Südostgrenze zu Ungarn und Slowenien erlaubt, auch an der österreichisch-deutschen Grenze, und im Mai 2017 ein letztes Mal für sechs Monate bis November verlängert.

Kritik am Vorgehen der Regierung in der Brenner-Frage kommt in Österreich von Oppositionspolitikern der Grünen und der FPÖ. Mahnende Worte spricht Bundespräsident Alexander Van der Bellen in Bezug auf mögliche Grenzkontrollen am Brenner. Er bedaure »manche Medienberichte«, durch die der Eindruck entstanden sei, »dass Österreich den Kriegsfall ausruft«. Mittlerweile sei die Sache aber wieder »bereinigt«, sagt Van der Bellen am 6. Juli bei einem gemeinsamen Pressestatement mit Tirols Landeshauptmann Günther Platter (ÖVP) in Innsbruck[70].

Es seien auch keine Panzer am Brenner vorgesehen gewesen, sondern »militärische Lkw«, so der Bundespräsident. Er hätte sich allerdings erwartet, dass Österreich die italienischen Behörden rechtzeitig über den Sinn dieser Maßnahme unterrichtet hätte, sagte Van der Bellen, ohne Verteidigungsminister Hans Peter Doskozil direkt anzusprechen. Er habe mit ihm telefoniert, »und damit ist es gut«.

Der Bundespräsident fordert schließlich alle Politiker auf, in Wahlkampfzeiten aufzupassen, um nicht international Irritationen auszulösen.

Doskozil & Kern: Vom »Vier-Punkte-Plan« zum »Sieben-Schritte-Plan« gegen illegale Migration

Was Verteidigungsminister Hans Peter Doskozil monatelang fordert, nämlich die illegale Migration nach Europa durch verschiedene Maßnahmen einzudämmen, nimmt auch Bundeskanzler Christian Kern auf. Die beiden arbeiten gut und eng zusammen. In einer Pressekonferenz am 12. Juli 2017 legten Kern und Doskozil auf Basis des »Vier-Punkte-Planes« ein Konzept vor: den »Sieben-Schritte-Plan« gegen die illegale Migration. Die illegale Zuwanderung aus Afrika soll bis zum Jahr 2020 auf »null« gedrückt werden, sagt Kern vor seinem Abflug zum Westbalkan-Gipfel in Triest, wo es am Rande auch um Flüchtlingspolitik ging.

Das Anliegen des Bundeskanzlers kurz gefasst: »Die Kontrolle des Staates über die Migration wieder zurückzugewinnen«[71].

Ein Migrationsbeauftragter der EU soll die einzelnen Maßnahmen künftig besser koordinieren und die Rückführungsabkommen mit afrikanischen Ländern ausverhandeln. »Es muss eine Figur geben, die die gesamte Verantwortung übernimmt«, erklärte Kern. Wie Doskozil spricht sich auch der Kanzler für Asylverfahrenszentren außerhalb Europas aus, etwa in Niger. »Wenn die Asylverfahren bereits in Zentren außerhalb Europas abgewickelt würden, könnte auch der Schlepper-Kriminalität ein Riegel vorgeschoben werden«, erneuerte Doskozil seine Position.

Ein wichtiger Schritt sei auch, die wirtschaftliche Situation in den Herkunftsländern zu verbessern, »ein längerer Prozess, der auch ökonomische Kosten verursachen wird«, ist sich Kern bewusst. Im Konzept des Kanzlers ist von einem »Marshall-Plan für Afrika« die Rede, etwas, wovon der bekannte Publizist und Journalist Hugo Portisch seit Langem spricht.[72]

Ein großer Fortschritt wäre die Vereinheitlichung der Asylregeln in Europa. Die ungleiche Verteilung von Asylsuchenden in Europa führt Kern auf die »massiv unterschiedlichen Anerkennungsquoten der EU-Mitgliedsstaaten« zurück, Relocation-Programme hätten Erstankunftsländer wie Griechenland und Italien nur kurzfristig entlastet und die Rückführungen in die Herkunftsländer »stehen in keinem Verhältnis zu den negativen Entscheidungen in den Asylverfahren«.

Erneut verlangt der Bundeskanzler, dass es im Rahmen einer europäischen Solidarität eine gleichmäßige Verteilung von Flüchtlingen und Migranten geben müsse. Funktioniere dies nicht, müsse etwa den Visegrád-Staaten Polen, Tschechien, Slowakei und Ungarn klargemacht werden, dass dies in künftigen EU-Finanzplänen auch Konsequenzen haben werde.

Die sieben Schritte im Überblick:
1. Verstärkte Zusammenarbeit mit den Ländern Westafrikas, mehr Verfahrenszentren an Ort und Stelle;

2. Marshall-Plan für Nordafrika, finanzielle Unterstützung durch einen Afrika-Treuhandfonds und EU-Investitionsplan für Afrika;
3. Effektiver EU-Außengrenzschutz durch Ausstattung von Frontex und gemischte EU-Grenzschutzmission aus Polizei, Militär und zivilen Kräften;
4. Intensivierung von Informationskampagnen an Migranten in Herkunfts- und Transitländern, gemeinsam mit lokalen Akteuren und internationalen Organisationen;
5. Gemeinsames europäisches Asylsystem mit einheitlichem Verfahren, Lastenverteilung und standardisierten Leistungen, um Binnenwanderung einzuschränken; Verfahrenszentren außerhalb der EU; Rückführung von illegal eingereisten Migranten in Zentren;
6. Gerechte Verteilung von Asylberechtigten auf alle EU-Staaten;
7. Verstärkte Rückführungen: Ein Mitglied der EU-Kommission soll mit der Aufgabe betraut werden, Rückübernahme-Abkommen auszuverhandeln.

Ein Blick nach vorne: Kann die Migration überhaupt gestoppt werden?

»Die Welt erlebt gegenwärtig die größte Massenmigration seit dem Zweiten Weltkrieg – und die dramatischsten Erscheinungsformen dieses Phänomens ereignen sich im Mittelmeer«, schreibt der Migrationskorrespondent der liberalen britischen Tageszeitung *The Guardian*, Patrick Kingsley, in seinem Buch »Die neue Odyssee. Eine Geschichte der europäischen Flüchtlingskrise«[73]. »Die Migration nach Europa ist keineswegs neu. Schon seit Langem versuchen afrikanische Migranten über Marokko nach Spanien oder vom Senegal aus auf die Kanarischen Inseln zu gelangen. Seit Jahren sind Libyen, die Türkei und Ägypten Sprungbretter für Menschen, die sich nach Italien, Griechenland oder Bulgarien durchzuschlagen hoffen. Doch niemals zuvor sind sie in solch großer Zahl gekommen«, beschreibt Kingsley die gegenwärtige Situation. Sollten die Fluchtursachen nicht mit vielen abgestimmten Maßnahmen bekämpft werden (siehe die Maßnahmenpläne von Doskozil), dürfte sich an der Massenmigration nichts ändern.

Der zentrale Fluchtweg vieler Migranten aus unterschiedlichen afrikanischen Ländern führt derzeit über Libyen. Verschiedenen Quellen zufolge warten bis zu einer Million Menschen im vom Bürgerkrieg wirtschaftlich völlig zerstörten und politisch zerfallenden nordafrikanischen Staat mit seinen 6,5 Millionen Einwohnern auf die Weiterreise nach Europa. In ganz Afrika sind es nach UNO-Angaben 700 Millionen Menschen, die den Wunsch äußern, ihr Heimatland zu verlassen.

Italien appelliert seit Langem an die EU, etwas zu tun – doch bisher ohne sichtbaren Erfolg. Von einer kohärenten Migrations- und Asylpolitik der EU ist keine Rede. In Eigenregie schloss die Regierung in Rom im Sommer 2017 mit zwei afrikanischen Staaten, dem Tschad und Niger, Verträge, um in diesen Transitländern Flüchtlingszentren nach internationalen Standards zu errichten. Einrichtungen, in denen auch Asylanträge gestellt und geprüft werden könnten, sind das aber nicht.

Geht es nach Hans Peter Doskozil, könnten diese Flüchtlingszentren ausgebaut werden. »Es ist fünf vor zwölf, um endlich Verfahrenszentren außerhalb der EU zu errichten. Der Vorstoß Italiens, Flüchtlingslager im Tschad und in Niger mitzufinanzieren, ist wichtig und ein Schritt in die richtige Richtung. Die EU sollte Italiens Initiative aufgreifen und zu einem gemeinsamen Projekt machen«, unterstreicht der Verteidigungsminister. Diesen Plan greifen auch EU-Diplomaten in einem internen Bericht auf, den sie nach einem Besuch in libyschen Flüchtlingslagern verfassen und deren Urteil über die Situation der Migranten in Libyen desaströs ist[74].

Wichtigster Ausgangspunkt für die Flucht nach Europa ist nach wie vor die libysche Küste. Von hier aus starten derzeit 97 Prozent der afrikanischen Migranten. Immer stärker in den Fokus rückt auch ein anderes nordafrikanisches Land, nämlich Algerien.

Analysen von internationalen Experten und Hintergrundberichte europäischer Nachrichtendienste kommen zu dem Schluss, dass kein Nachlassen des Migrationsdruckes gegenüber Europa zu erwarten ist, solange sich die Lage in den Herkunftsländern nicht grundlegend ändert – oder die EU verschiedene Maßnahmen nicht gleichzeitig und gemeinsam angeht. Dazu kommt, dass entsprechende Rückführungsabkommen mit den Herkunftsländern noch immer fehlen. Ein wesentlicher Faktor für den anhaltenden Migrationsdruck auf Europa ist die demografische Entwicklung in vielen Krisenländern.

Ein Anstieg des Migrationsdruckes durch Wirtschaftsflüchtlinge ist »sehr wahrscheinlich«, heißt es in Berichten von Nachrichtendiensten.

Antworten auf die Frage, was in der europäischen Flüchtlingspolitik zu tun sei, die gibt es, wie die Vorschläge von Doskozil zeigen. Auch die EU-Kommission hat Vorschläge gemacht (Afrika-Fonds, Aktionspläne mit afrikanischen Ländern, finanzielle Hilfe für Libyen und andere Staaten). »Es gilt nun, diese konkreten Vorschläge auch gemeinsam in der EU durchzusetzen«, betont Doskozil.

Flüchtlingspolitik in Österreich

Wenn Hans Peter Doskozil gefragt wird, wie er insgesamt die österreichische Flüchtlingspolitik bewertet, lässt er am liebsten Fakten sprechen: »Österreich und vor allem die Menschen in diesem Land haben enorm viel geleistet. Es waren die Länder Österreich, Deutschland und Schweden, die die Hauptlast der Migration nach Europa gestemmt haben. 2015 hatten wir etwa 90.000 Asylwerber, im Jahr 2016 knapp 35.000. Das ist ein enormer Kraftakt, der uns noch lange beschäftigen wird. Die wirkliche Arbeit beginnt erst, nämlich die Asylberechtigten erfolgreich zu integrieren.«

Doskozil tritt konsequent dafür ein, die Zahl der Asylwerber zu limitieren, weil »ein Staat nur begrenzte Aufnahmekapazitäten hat und kein Land der Welt unbegrenzte Zuwanderung verkraften kann«. Und da Österreich auch nicht die Probleme der ganzen Welt lösen kann, wird im Frühjahr 2016 eine Obergrenze von 37.500 Asylwerbern für das Jahr 2016 eingeführt. Diese Zahl soll die nächsten Jahre noch schrittweise sinken: »Es geht auch darum, die Sozialsysteme nicht zu überfordern. Es muss doch unser aller Anliegen sein, die Asylberechtigten integrieren zu können und unseren Sozial- und Wohlfahrtsstaat, im Übrigen eine Errungenschaft der Sozialdemokratie, aufrechterhalten zu können. Die Obergrenze wurde deshalb völlig zu Recht von Bund, Ländern und Gemeinden eingeführt«, verteidigt Hans Peter Doskozil die Obergrenze – auch gegen Kritik.

Soll die Obergrenze nach unten angepasst werden? Auf diese Frage antwortet der SPÖ-Politiker folgendermaßen: »Ich interessiere mich immer für Fakten und Maßnahmen, die hinter Schlagzeilen stehen. Ich bin auch dafür, die Migration weiter zu begrenzen, aber dann muss man eben auch konkret über die Maßnahmen reden, wie wir das bewerkstelligen wollen und können.«

Hans Peter Doskozil kritisierte auch die deutsche Bundeskanzlerin Angela Merkel dafür, Flüchtlinge eingeladen zu haben. »Führende Politiker, die Signale an fluchtbereite Menschen senden, dass alle willkommen seien, handeln falsch. Ich habe an der Grenze in Nickelsdorf Flüchtlinge gesehen, die mit Merkel-Bildern gekommen sind und ›Merkel, Merkel‹ gerufen haben.« Auffallend an der deutschen Regierungspolitik sei, dass es eine Kluft zwischen der Kommunikation der Kanzlerin nach außen und den tatsächlichen Handlungen gebe. »Deutschland hat nicht nur von den Maßnahmen Österreichs stark profitiert, sondern auch das Asylregime verschärft und Tageskontingente eingeführt. Gleichzeitig hat Angela Merkel nach außen hin die Maßnahmen moderat kommuniziert, um ihr Bild als Kanzlerin der Herzen nicht zu gefährden. Die Fakten sagen etwas anderes«, kritisiert Hans Peter Doskozil die deutsche Flüchtlingspolitik.

Er beansprucht für sich, eine konsequente Sicherheits- und Asylpolitik zu betreiben und dafür einzutreten, sowohl in Österreich als auch auf europäischer Ebene. »Es geht darum, die Probleme im Land sachlich und pragmatisch zu lösen.« Die Asylpolitik dürfe aber »den Wohlfahrts- und Sozialstaat in dieser hohen Qualität, wie wir ihn in Österreich haben, nicht überfordern«. Um dieses System in Zukunft aufrechtzuerhalten, »dürfen wir unsere staatlichen Kapazitäten, aber auch die Bevölkerung nicht überstrapazieren«, sagt der Sozialdemokrat. »Jene, die Asyl auf Basis einer rechtsstaatlichen Entscheidung benötigen, sollen Asyl bekommen, und all jene, die kein Recht auf Asyl haben, müssen in ihre Heimatländer rückgeführt werden. Nur wenn wir diesen rechtsstaatlichen Weg konsequent gehen, werden wir auch in Zukunft in der Lage sein, jenen helfen zu können, die tatsächlich Hilfe brauchen.« Das sei »keine rechte Politik«, sondern »nur konsequent und vernünftig«.

VI.

Umfassende Sicherheit

> »Es gibt keine rechte oder linke Sicherheit,
> es gibt nur eine umfassende Sicherheit«

Wenn Hans Peter Doskozil über Sicherheit spricht, geht es ihm um eine Politik, die »ursozialdemokratische Themen« aufgreift: Das ist einmal »soziale Sicherheit und Gerechtigkeit, die nur in einer friedfertigen und sicheren Gesellschaft entstehen«. Das andere ist für ihn »die innere und äußere Sicherheit«.

In allen Bereichen der Sicherheit will er Probleme ansprechen und anpacken, die die Menschen umtreiben: Der Schutz im Inneren des Landes, die Fähigkeit zur Selbstverteidigung gegen äußere Gefahren – heute sind es nicht mehr klassische Angriffe mit Panzerarmeen, sondern Terrorismus, Radikalisierung der Gesellschaft, Cyber-Attacken, die vielen Menschen Angst und Unbehagen bereiten und die ein Staat alleine nicht mehr bewältigen kann. Politiker, die Sicherheit versprechen, müssen heute die Ängste der sensiblen Mitte der Gesellschaft aufgreifen: materielle Absicherung, Chancengleichheit, den Zugang zu Arbeitsplätzen und Einkommen, von denen man leben kann, Schutz vor Bedrohungen, vor Massen von Migranten, und das dumpfe Gefühl vieler, die kulturelle Identität zu verlieren. Das Gefühl sagt nämlich: Das Leben wird immer unsicherer. Und das

Gefühl kennt auch einen Beweis: Es sind die Bilder, die wir täglich in den Straßen sehen und die über die Flat-screen-Schirme flimmern.

Hans Peter Doskozil beschäftigen diese Fragen nach umfassender Sicherheit seit jeher. Als Polizist, als Verteidigungsminister und als Sozialdemokrat. Für ihn steht fest: »Innere, äußere, soziale und ökologische Sicherheit sind nicht voneinander zu trennen.« Nicht nur in Österreich, sondern in ganz Europa ist unübersehbar, dass Sicherheit ein prioritäres Anliegen der Bürger ist und sich zu einem ganz zentralen Wertebegriff entwickelt hat.

»Mehr Sicherheit in Zeiten wachsender Unsicherheit«, daran orientiert sich Hans Peter Doskozil und richtet den politischen Kompass danach aus. Dabei lässt er sich auch nicht von Kritik und Äußerungen beirren, er blinke rechts, decke den rechten Flügel der SPÖ ab, vertraue auf Law and Order. Einige sozialdemokratische Funktionäre tun sich schwer mit dem Thema Sicherheit. »Ich weiß, dass schnell die Sorge auftaucht, bestimmte Maßnahmen, wie ein strenger EU-Außengrenzschutz, die Einrichtung von Verfahrenszentren in afrikanischen Ländern, die Warnung vor einer Islamisierung der Gesellschaft, eine Obergrenze für Flüchtlinge, seien ein Weg zu mehr Autorität, der am Ende die Freiheitsrechte aller Bürgerinnen und Bürger beschneidet.« Das Gegenteil stimmt: »Ein demokratischer Rechtsstaat darf diese beschworenen Gefahren nie eintreten lassen. Denn Sicherheit hat keinen ideologischen Zugang. Es gibt keine rechte oder linke Sicherheit, es gibt nur eine umfassende Sicherheit«, ist Hans Peter Doskozil überzeugt. Dass mit dem Thema Sicherheit nur einige Funktionäre in der SPÖ, nicht aber die SPÖ-Wähler Schwierigkeiten haben, zeigt eine Umfrage von UNIQUE research unter 800 Befragten vom Juni 2017: Auf die Frage »Welche Themen bewegen Sie besonders und brennen Ihnen unter den Nägeln?« antworten 30 Prozent der Österreicherinnen und Österreicher spontan mit »Asyl und Zuwanderung« – der mit großem Abstand höchste Wert.

Sieben Prozent nennen das Thema »Terror«, ebenso sieben Prozent »Sicherheit«.

Diese Themen sind auch unter den deklarierten sozialdemokratischen Wählern ganz vorne zu finden: 24 Prozent der SPÖ-Wähler sagen, dass das politische Thema »Asyl und Zuwanderung« sie und ihre Familie am meisten bewegt. Sieben Prozent der SPÖ-Wähler nennen »Terror«, für sechs Prozent ist »Sicherheit« ein zentrales Thema. Das sind Prozentwerte, die bei ungestützten Fragen – das heißt, hier wurden bei der Befragung keine Themen vorgegeben – als sehr hoch gelten.

Für Hans Peter Doskozil ist aber auch klar, dass »Sicherheit mit Prävention, größtmöglicher Lösungsorientiertheit und nur bei Einhaltung aller rechtsstaatlichen Prinzipien gewährt werden kann«. Ein wichtiger Punkt für die Durchsetzung von Sicherheit ist – und den erwähnt er immer wieder – die Fähigkeit, Probleme früh genug zu erkennen und aufzugreifen. »Politik muss präventiv sein«, betont der SPÖ-Politiker. »Wir müssen Entwicklungen antizipieren und daraus unser Handeln ableiten und die richtigen politischen Maßnahmen setzen.« Ihm fällt dabei ein Zitat des ehemaligen britischen Premiers und Labour-Chefs, Tony Blair, ein: »Tough on crime and tough on the causes of crime.« Was Blair im Kampf gegen Kriminalität formulierte, will Hans Peter Doskozil als Prinzip auf die gesamte sicherheitspolitische Agenda angewandt wissen: »Früh genug Probleme erkennen – und danach handeln.«

Er kommt dabei auf das Thema »Migration« zu sprechen, als Beispiel für ein langjähriges Versagen der Politik und der Gesellschaft. »Hier war die Politik zu passiv. Seit dem Jahr 2000 hat sich das Problem abgezeichnet. Österreich hatte um die Jahrtausendwende zwischen 10.000 und 20.000 Asylwerber jährlich. In der öffentlichen Wahrnehmung spielte das keine so große Rolle, doch schon mit den Tschetschenien-Flüchtlingen hat sich bald nach dem Jahr 2000 das Problem gezeigt, auch die Frage der Integration ist allen bewusst geworden. Die Werte unserer Gesellschaft an die Menschen zu vermitteln, die zu uns gekommen sind, das ist nicht gelungen«, kritisiert Hans Peter Doskozil.

»Prävention« ist – wie gesagt – das Stichwort für eine umfassende Sicherheitsstrategie und Sicherheitspolitik: »Erst im Zusammenspiel von Prävention, der Stärkung des inneren Zusammenhalts der Gesellschaft und der Arbeit von Polizei, Bundesheer und Justiz entsteht tatsächlich ein höheres Maß an Sicherheit«, erklärt Hans Peter Doskozil.

Er verweist in diesem Zusammenhang gerne auf zwei Sozialdemokraten, für die Sicherheit ein zentraler Bestandteil ihrer Politik war: Bruno Kreisky, der den Slogan »Leistung, Aufstieg, Sicherheit« zum erfolgreichen Wirtschaftsprogramm gemacht hat – und dem bewusst war, dass soziale Sicherheit nur durch Leistungswillen zu schaffen sei. Der andere Name, auf den sich Doskozil gerne bezieht, ist der des ehemaligen deutschen Bundeskanzlers Helmut Schmidt, der auch als »Sicherheitskanzler« bezeichnet wird. Der SPD-Politiker, der auch Verteidigungsminister war, hat innere, äußere und soziale Sicherheit zu einem Paradigma und zu einer politischen Kultur Deutschlands gemacht. Sein Satz »Die soziale Sicherheit ist das Vermögen der ›kleinen Leute‹« wird heute noch regelmäßig von Ökonomen und Politikern zitiert. Schmidts Antworten auf die innere und äußere Bedrohung der deutschen Sicherheit und Stabilität waren Maßnahmen gegenüber dem RAF-Terrorismus und die Aufrüstung gegenüber der Sowjetunion.

Zurück in die österreichische Gegenwart: Mit dem Begriff »Reaktionssicherheit« kritisiert Hans Peter Doskozil die Methode der Politik, nur dann zu handeln, wenn das Problem schon entstanden und in all seinen Konsequenzen sichtbar geworden ist, egal in welchem Bereich. »Für mich sind die frühzeitige Erkennung von möglichen Problemen, ihre klare Benennung, die inhaltliche Positionierung und die entsprechende, nachhaltige Lösung des Problems das Um und Auf sozialdemokratischer Politik.«

Das gelte nicht nur für die Sicherheit, sondern genauso für die Bereiche Beschäftigung, Bildung und Gesundheit. »Wenn eine Regierung in den Bereichen Arbeitsmarkt, Schule, Universität und Soziales ihre Probleme nicht löst, wenden sich die Menschen zu Recht von dieser Regierung ab. Wenn man im Sicherheitsbereich Probleme nicht löst, wenden sich die Menschen nicht nur von der Regierung ab, sondern werden auch zunehmend verunsichert. Das wiederum ist der Nährboden für Populisten und kann zur Gefahr für unser demokratisches System werden. Ziel muss es sein, eine offene und auf Zusammenhalt ausgerichtete Gesellschaft zu erhalten, Ängste zu minimieren und zu gewährleisten, dass die Bevölkerung Freiheit in Sicherheit leben kann.« Sicherheit, egal ob es sich um soziale, öffentliche oder innere Sicherheit handelt, ist die »Garantie für Freiheit«, betont Hans Peter Doskozil. »Deshalb sichern staatliche Einrichtungen die Freiheit jedes Einzelnen. Alle Maßnahmen der inneren Sicherheit müssen sich deshalb am Schutz der Freiheit legitimieren«, lautet der Grundsatz des Sozialdemokraten. Damit sagt er viel über sein Staatsverständnis und sein Menschenbild aus.

Appell an die EU: Keinen Import von Arbeitslosigkeit zulassen

Ein Problem, das ihm als sozialdemokratischem Politiker große Sorgen bereitet, ist für Hans Peter Doskozil der Import von Arbeitslosigkeit aus Osteuropa, vor allem aber aus den Nachbarländern Ungarn und der Slowakei.

Er verteidigt prinzipiell die Freizügigkeit von Arbeitnehmern als Pfeiler des EU-Binnenmarktes. Was ihn jedoch stört, ist die Methode, wie Freizügigkeit ausgelegt und praktiziert wird. Dass die EU hohe Geldsummen in Form von Förderungen – etwa nach Ungarn – pumpt, aber nicht darauf achtet, dass die Lohnentwicklung und die soziale Entwicklung in diesem Land mit dem wirtschaftlichen Aufschwung Schritt hält, sei »inakzeptabel«. »Viele

EU-Förderungen gehen nach Ungarn, gleichzeitig nimmt die Arbeitsmigration von dort nach Österreich zu und lässt auch die Arbeitslosigkeit bei uns steigen.«[75]. Hans Peter Doskozil verlangt, dass die Vergabe von EU-Finanzhilfen an die Arbeitsmarkt- und an die soziale Entwicklung gekoppelt und dieser Prozess auch besser und konsequent von der EU kontrolliert werde. »Es handelt sich bei den EU-Förderungen schließlich um europäische Steuergelder.«

Gibt es keine Lösung für dieses Problem, fürchtet Doskozil nicht nur eine Zunahme der Arbeitslosigkeit in den Grenzregionen Österreichs, sondern auch eine steigende Ablehnung der EU bis hin zu zunehmender Fremdenfeindlichkeit. »Das Mindeste, was die EU machen kann, ist die Neuformulierung und Ausgestaltung der bestehenden Entsende-Richtlinie[76], um den aktuellen, negativen Entwicklungen Rechnung zu tragen.«

Was beinhaltet diese bestehende und noch nicht reformierte Entsende-Richtlinie: Ein »entsandter Arbeitnehmer« ist ein Arbeitnehmer, der von seinem Arbeitgeber in ein anderes EU-Land geschickt wird, um dort während eines begrenzten Zeitraums eine Dienstleistung zu erbringen. So kann beispielsweise ein Dienstleister einen Auftrag in einem anderen Land erhalten und seine Arbeitnehmer dorthin entsenden, um den Auftrag auszuführen.

Entsandte Arbeitnehmer unterscheiden sich insofern von mobilen EU-Arbeitnehmern, als sie sich zwar vorübergehend im Aufnahme-Mitgliedsstaat aufhalten, jedoch nicht in dessen Arbeitsmarkt integriert werden.

Hingegen haben mobile EU-Arbeitnehmer, die in einem anderen EU-Land Arbeit suchen und dort beschäftigt werden, zu denselben Bedingungen wie Staatsangehörige des betreffenden Landes Anspruch auf alle sonstigen sozialen und steuerlichen Leistungen. Das schreibt die bestehende Entsende-Richtlinie vor. In bestimmten Sektoren der Wirtschaft, etwa in der Gastwirtschaft und im Tourismus, werden in vielen Fällen diese Vorschriften nicht eingehalten.

Hier setzt auch die Kritik von Hans Peter Doskozil an der Politik der EU-Kommission und auch dem Verhalten mancher EU-Regierungen an. »Die EU-Politik ist fokussiert auf die Wirtschaftsunion, die Sozialunion ist unterentwickelt. Auf die soziale Frage wird zu wenig Wert gelegt.«

VII.

Alltag und Freundschaften neben der Politik

>*»Ich ordne meinem Beruf*
>*sehr vieles unter.«*

»Ich bin bis heute eng mit meinem Heimatort Kroisegg verbunden. Ich habe dort viele Freunde«, erzählt Hans Peter Doskozil. Auch wenn er als Verteidigungs- und Sportminister ständig unterwegs ist, viele Termine im In- und Ausland hat, hält er den Kontakt zu »seinem Burgenland« aufrecht. Kroisegg liegt im Südburgenland und ist ein Ortsteil der Gemeinde Grafenschachen. Ein Leben ohne die Heimatgemeinde ist für ihn undenkbar. Pendeln zwischen den Welten, zwischen Peripherie und Zentrum, zwischen Bundes- und Europapolitik auf der einen Seite und Landes- und Gemeindepolitik auf der anderen Seite, ist ein fixer Bestandteil in seinem Leben.

Schon als Polizeischüler fährt er jedes Wochenende nach Hause. Seit seinem 19. Lebensjahr ist er bei der Freiwilligen Feuerwehr, Obmann im Sportklub Kroisegg, selbst beim Verschönerungsverein des Ortes machte er mit. Der jährliche Höhepunkt des Vereins ist die Organisation des Kirchtages mit Umzug, Blasmusik und Zeltfest. Auch politisch war Hans Peter Doskozil auf kommunaler Ebene aktiv, von 2007 bis 2012 als Gemeinderat der SPÖ in Grafenschachen. Das ist ein wichtiger Teil seiner Geschichte.

Freunde aus frühester Schulzeit, aus dem Sportverein und

dem Wachzimmer in der Wehrgasse trifft er immer noch, auch als Verteidigungsminister hält er an diesen Beziehungen fest. In seiner Heimat, aber auch weit darüber hinaus, gilt er als Gegenentwurf zu den abgehobenen Politikern mit dem Habitus der Wichtigtuerei. »Wir reden mit ihm wie mit jedem anderen auch. Er ist einer von uns«, sagt eine junge Frau aus Grafenschachen. »Er kommt immer noch regelmäßig zu uns«, freut sie sich.

Aus der Region kam auch einer der engsten Freunde von Hans Peter Doskozil, der ehemalige Aufdecker-Journalist und Buchautor Kurt Kuch. Sie sind in dasselbe Gymnasium in Oberschützen gegangen, Kurt Kuch war zwei Jahre jünger. Bis zu seinem Tod am 3. Jänner 2015 – Kurt Kuch erliegt einem Krebsleiden – hat Hans Peter Doskozil engen Kontakt zu ihm gepflegt. »Unsere intensiven Gespräche haben in der Zeit begonnen, als ich im Büro von Hans Niessl war.« Von der Freundschaft, den vielen häufig auch philosophischen oder existenziellen Diskussionen mit Kuch zu jeder Tages- und Nachtzeit, erzählt Hans Peter Doskozil sehr oft. »Wir haben uns über alles ausgetauscht, über Politisches und Privates, er hat mir auch sehr viel über seine Arbeit erzählt, über die Methoden des investigativen Journalismus.«

Kommt aus diesem Kontakt mit einem Journalisten der unkomplizierte, sehr offene Umgang des SPÖ-Politikers mit Medienvertretern? »Nein, ich habe zu allen ein offenes und freundliches Verhältnis, das ist mir wichtig«, antwortet Doskozil. Näher kennengelernt haben sich die beiden, der eine Polizist, der andere Journalist, über die Musik. Als Jugendliche haben sie in einer Musikkapelle gespielt. Kurt Kuch in Oberwart, Hans Peter Doskozil in Pinkafeld. Dass er von seinem 13. Lebensjahr an Waldhorn gespielt hat, aber nicht freiwillig, darüber redet Hans Peter Doskozil nicht besonders gerne. »Ich wollte ein Instrument spielen, aber nicht Waldhorn. Mein Vater hat mir dieses Instrument nahe gelegt. Er war Jagdleiter in der Ortschaft. Er wollte, dass ich bei Treibjagden die Jagd anblase, das habe ich aber nie gemacht. Die Jagd interessiert mich nicht. Ich habe auch keinen Jagdschein.«

Mit 18 hört er auf, Waldhorn zu spielen – für immer –, »weil es mir einfach keinen Spaß gemacht hat«.

Kurt Kuch trifft er weiterhin, oft auch in der Kultdisco der 1990er Jahre, im »Kamakura« in Bad Tatzmannsdorf, wo Kuch als DJ auftritt und viele Partys organisiert. Beeindruckend findet Hans Peter Doskozil an seinem verstorbenen Freund dessen engagierte Arbeitsweise und »sein Streben nach Aufklärung und Gerechtigkeit. Er hat viel in seine Arbeit investiert. Dafür habe ich ihn bewundert. Seinem Beruf hat er alles untergeordnet.« Hans Peter Doskozil erinnert sich sehr oft an seinen Freund. Und nachdenklich fügt er hinzu: »Auch ich ordne meinem Beruf sehr vieles unter. Der Kurt und ich sind uns da sehr ähnlich.«

Auf die Frage, wie er sich seine Zukunft vorstellt, antwortet Hans Peter Doskozil gelassen: »Im Moment passt es«, bemerkt er im Sommer 2017. »Prognosen sind äußerst schwierig, vor allem, wenn sie die Zukunft betreffen.« Dieses Zitat, das mal Mark Twain, mal Winston Churchill, mal Kurt Tucholsky zugeordnet wird, trifft jetzt auch auf Hans Peter Doskozil zu.

Große Gedanken über die Zukunft macht er sich nicht. Er hat auf neue Herausforderungen immer rasch und flexibel reagiert, Beruf- und Ortswechsel nie gescheut. So sehr die Beziehung zu »seinem« Burgenland eine Konstante in seinem Leben ist, seine Aufgabengebiete und Einsatzorte haben sich immer verändert: Streifenpolizist in Wien, Jus-Studium, Rückkehr nach Eisenstadt in die Sicherheitsdirektion, der plötzliche Wechsel in das Innenministerium, wo er als Legistiker federführend das neue Fremdenpolizeigesetz schreibt, Büroleiter des burgenländischen Landeshauptmannes Hans Niessl, ab Herbst 2012 Landespolizeidirektor des Burgenlandes und Anfang Jänner 2016 erreicht ihn das Angebot des damaligen Bundeskanzlers Werner Faymann, Verteidigungsminister zu werden.

»Stets etwas Neues zu machen, das hat mir immer gefallen. Das Prinzip zieht sich wie ein roter Faden durch mein Leben – und das wird auch so bleiben.«

VIII.

Arbeitsstil und Führungsqualitäten

>*»Ich kann die Menschen von meinen
>Entscheidungen überzeugen.«*

Welche Kraft und nachhaltigen Einfluss Worte haben können, erahnt man, wenn man Hans Peter Doskozil fragt, worauf es ihm beim Kommunizieren ankommt, und ob er sich rasch in das Fühlen und Denken anderer Menschen hineinversetzen kann. Sofort kommt ihm die Aussage in einer Rede von Caspar Einem (SPÖ)[77] in den Sinn, die er als damaliger Innenminister zum Abschluss eines Ausbildungskurses für Polizisten im Jahr 1995 gehört hat. Einem hat den Beamten bei der Ausmusterung des Chargenkurses auf folgendes Handlungsprinzip hingewiesen: Behandelt alle Menschen so, wie ihr selbst gerne behandelt werden möchtet. Im Klartext heißt das: Kommuniziert als Polizisten auf Augenhöhe mit den Menschen, geht respektvoll mit ihnen um und nützt eure Autorität nicht aus.

Hans Peter Doskozil nimmt diese Worte ernst: Das Prinzip, auf Augenhöhe mit jedem zu kommunizieren, nicht von oben herab, ist nicht nur respektvoll, sondern hilft dem sozialdemokratischen Politiker auch, sofort eine Gesprächsebene zu finden. Hinzu kommt das Talent, Menschen geduldig zuzuhören und unbeschwert zu reden. »Die Worte von Caspar Einem waren für mich immer wichtig, aber es kommt noch etwas hinzu: Ich versuche mich immer in die Sichtweise des Anderen, auch in seine Argumente, hineinzuversetzen und die Motive meines Gegenübers zu beachten.»Die Entscheidungen, die ich dann treffe, kann ich besser erklären, weil ich die Argumente der anderen Seite kenne, die Hintergründe und auch die Ängste, die vorhanden sind. Und weil ich darüber Bescheid weiß, kann ich die Menschen auch besser von meinen Entscheidungen überzeugen. Diese Vorgehensweise hat bisher immer gut funktioniert«, sagt er.

Hans Peter Doskozil will bei all seinen Entscheidungen nicht »stur in eine Richtung denken«. In Verhandlungen oder auch im Gespräch mit Mitarbeitern kommt es ihm immer darauf an,»die Positionen auszutarieren. Das ist der einzige Weg, auf dem man weiter kommt – sowohl im beruflichen als auch im privaten Leben«.

Auch wenn er geduldig zuhören kann, die verschiedenen Standpunkte vergleicht, gleichzeitig aber auch offen für Widerspruch und Kontroversen ist, am Ende entscheidet er alleine – und gewöhnlich sehr schnell. Diese Entschlossenheit und sein starker Wille, etwas durchzusetzen, überraschen gelegentlich sowohl seine Amtskollegen und Verhandlungspartner als auch seine engsten Mitarbeiter.»Er will Inhalte, Sachlichkeit, aber kein Geschwätz«, erklärt ein hoher Offizier.»Hans Peter Doskozil wägt unterschiedliche Positionen ab und ist bei stichhaltigen Gegenargumenten auch bereit, seine Meinung zu revidieren«, sagen unisono sein Kommunikationschef Stefan Hirsch und sein Berater für EU- und internationale Angelegenheiten, Raphael Sternfeld.

Verhandlungs- und Gesprächspartner von Hans Peter Doskozil, die mit ihm regelmäßig zu tun haben, bestätigen aber, dass er auch austeilen kann.»Er geht aber nur dann in einen Konflikt, wenn ihn etwas stört, wenn zu langsam und zu zögerlich gehandelt wird, und wenn ihm die Sache sehr wichtig ist«, heißt es im Ministerium.»Über Kleinigkeiten streitet er nicht«, erklärt sein Pressesprecher Stefan Hirsch.

Die Kommunikation im Verteidigungsministerium ist anspruchsvoll, mitunter eine heikle Angelegenheit: Selbstbewusste Militärs sind von ihren Qualitäten sehr überzeugt. Sie lieben es auch, an Hierarchien und Ritualen festzuhalten, die Generalstabsoffiziere fühlen sich überhaupt als Elite. Doch mit dieser Elite kann Hans Peter Doskozil hervorragend umgehen: In wöchentlichen Management-Meetings kommen sie zusammen, der Minister holt ihre Meinungen ein und sagt ihnen sehr präzise, was er will, und wie schnell er es will. »Der Minister erteilt entschlossen klare Aufträge und fordert rasche und rationale Entscheidungen«, berichtet ein Vertreter dieses exklusiven Zirkels. »Auffallend ist«, fügt der hochrangige Militär hinzu, dass der Minister »trotz des Druckes immer entspannt ist, Ruhe ausstrahlt, aber gleichzeitig sehr bestimmt die Linie vorgibt«.

Kann er streiten? »Ja«, ist die Antwort mehrerer Gesprächspartner. Dann kommt die Zusatzbemerkung: »Aber nur dann, wenn es sich um etwas wirklich Wichtiges handelt.« Mit großer Entschlossenheit hat Hans Peter Doskozil die für das Überleben des Bundesheeres essentiellen Budgetverhandlungen im Jahr 2016 geführt. »Ich gehe aufs Ganze«, soll er seinen Mitarbeitern versichert haben. Mit Hartnäckigkeit – und einen Plan B in der Tasche – erreicht er sein Ziel: 1,3 Milliarden Euro mehr für das Heeresbudget bis 2020 entlockt er in schwierigen Verhandlungen Finanzminister Hans Jörg Schelling (ÖVP).

Das Bundesheer lag gewissermaßen am »Sterbebett«. Durch jahrelange Sparpakete war es derart finanziell ausgehungert, dass sogar Übungen aufgrund von Benzinmangel nicht stattfinden konnten. Wenn eine Budgeterhöhung in einem ersten Anlauf nicht gelungen wäre, hätte der Heereschef, so wird im Ministerium kolportiert, Plan B ins Spiel gebracht. Und dieser zeugt von dessen starkem Willen, seine Ziele zu erreichen: Mit einer Reduktion des Auslandskontingentes des Österreichischen Bundesheeres, einer Verringerung der Kräfte im Assistenzeinsatz und einer Einberufung des Nationalen Sicherheitsrates sollte der Öffentlichkeit die Notwendigkeit zusätzlicher finanzieller Mittel deutlich gemacht werden. Offiziell bestätigt wurde dieser Plan B nicht. Aber zu diesem Worst-case-Szenario kommt es ohnehin nicht, Hans Peter Doskozil setzt sich beim Kampf um mehr Geld für das Bundesheer durch.»Ich habe nicht geglaubt, dass ich das noch einmal erleben darf«, kommentierte Generalstabschef Othmar Commenda gegenüber Journalisten den neuen Bundesheer-Haushalt.

Enge Vertraute

Positiv wird in der Umgebung des Ministers wahrgenommen, dass er eng mit seinem Team, dazu zählen die Spitzen der Ressortverwaltung und die Mitarbeiterinnen und Mitarbeiter im Kabinett, zusammenarbeitet.»Man hat Zugang zum Chef, er kapselt sich nicht ab«, sagt ein Spitzenbeamter des Hauses. Zu seinem engsten Kreis gehört in militärischen und sicherheitspolitischen Angelegenheiten der Chef des Generalstabes, Othmar Commenda. Geht es um internationale Friedenseinsätze und strategische Analysen steht ihm Generalmajor Johann Frank zur Seite. In Brüssel ist für den Minister als Bindeglied Österreichs zur EU und zur NATO im Rahmen der Partnerschaft für den Frieden (PfP) Generalleutnant Günter Höfler tätig. Er ist Leiter der Militärvertretung in der EU-Zentrale und österreichischer Vertreter in den Militärausschüssen der Europäischen Union und der NATO.

Wie wichtig die Beobachtung und Kritik der Innen-, Europa- und Außenpolitik sowie die Beziehungen zu den Medien sind, weiß Hans Peter Doskozil spätestens seit der Flüchtlingskrise im Sommer 2015. Für die politische Strategie und die gesamte Kommunikation ist Stefan Hirsch seit dem Amtsantritt des Ministers zuständig. Stefan Hirsch ist als Kommunikationschef das Sprachrohr nach außen, die Stimme des Ministers gegenüber den Medienvertretern. Bundeskanzler Werner Faymann hat den ehemaligen Leiter der SPÖ-Kommunikation seinem Parteifreund empfohlen. Hirsch ist seit 2007 in den verschiedensten Funktionen in Regierungsbüros tätig, war unter anderem im Bundeskanzleramt und bereits mehrere Jahre im Verteidigungsministerium. Neben dem erfahrenen Kommunikationsprofi hat Doskozil noch einen weiteren engen politischen Berater. Es ist dies Raphael Sternfeld. Der Absolvent des Lycée Francais de Vienne und studierte Politikwissenschaftler war fünf Jahre der außen- und europapolitische Berater des ehemaligen Bundeskanzlers Werner Faymann. Er ist seit Jahren bestens in Europa und darüber hinaus vernetzt. Hirsch und Sternfeld sind ein seit Jahren sehr gut eingespieltes Team, auf dessen Expertise und Loyalität sich der Minister immer verlassen kann.

Als erster Verteidigungsminister in der Geschichte hat Hans Peter Doskozil eine Frau zu seiner Kabinettschefin bestellt. Die ehemalige Richterin und Leiterin der Evidenzstelle am Bundesverwaltungsgericht, Alexandra Schrefler-König, führt sein Büro. An der Seite des Ministers steht auch Stabschef Martin Dorfer. Wie wichtig dem Minister die Stärkung der Frauen im österreichischen Bundesheer ist, zeigt auch, dass er die ehemalige Frauenpolitikerin der SPÖ und langjährige Vertraute von Johanna Dohnal, Irmtraut Karlsson, zur Frauenbeauftragten des Bundesheeres ernannte, um den kleinen Anteil von 2,6 Prozent Frauen beim Bundesheer auf zehn Prozent zu erhöhen. Nach Amtsantritt von Hans Peter Doskozil gab es 389 Soldatinnen im Heer, im europäischen Vergleich ist das ein sehr niedriger Wert.

Mit dem Burgenland ist Hans Peter Doskozil auch als Verteidigungsminister eng verbunden. Einige Mitarbeiter, die er aus seiner Zeit im Innenministerium und als Leiter des Büros von Landeshauptmann Hans Niessl kennt, hat er in die Rossauer Kaserne mitgenommen.

Seine Assistentinnen erzählen, dass der Minister sehr oft im Büro mithilft, seinen Chauffeur bei langen Abendterminen nicht warten lässt und den Wagen am Nachhauseweg selbst lenkt. Den Gästen, die am Wochenende zu einer dringenden Besprechung in sein Büro kommen, serviert der »Chef« den Kaffee persönlich. »Das haben wir hier im Haus vorher noch nie erlebt«, sagt die junge Assistentin und fügt hinzu: Wir kommen alle gerne ins Büro.«

Sein Kommunikationschef Stefan Hirsch drückt es gewählt aus: »Innerhalb des Teams gibt es keine Konkurrenz.« »Die Bodenständigkeit des Ministers ist keine Pose, sondern er lebt das auch«, sagt Raphael Sternfeld.

Dass engste Mitarbeiter naturgemäß positiv über ihren Chef reden, ist nichts Außergewöhnliches. Interessant ist, was Menschen über den Minister denken, die nicht in seiner Nähe tätig sind – oder ganz unten in der Truppe, als Grundwehrdiener Berührung mit dem Apparat Bundesheer bekommen. »Er ist eine natürliche Autorität«, sagt ein junger Soldat, »ich habe großen Respekt vor ihm.« Und: »Er hat das Bundesheer gerettet.«

Hans Peter Doskozil agiert als Politiker aus einer Stärke heraus, mit seiner profunden Ausbildung als Polizist und einem abgeschlossenen Studium als Jurist. Er ist im klassischen Sinne kein Berufspolitiker. Sein beruflicher Hintergrund gibt ihm auch die Stärke in seinem Handeln als Minister und als sozialdemokratischer Politiker. »Er will als Verteidigungsminister in der österreichischen und europäischen Sicherheitspolitik und in Fragen der Migration etwas erreichen. »Er ist Taktiker, Stratege und ein *political animal*«, bezeichnet ihn ein hoher Militär. »Vor diesem Hintergrund hat er auch »keine Angst vor dem Scheitern«. Denn: »Er hat einen Beruf, und kann jederzeit in diesen zurückkehren. Das sorgt bei ihm für Gelassenheit und Entspanntheit.«

Hans Peter Doskozil als Dreijähriger mit Jagdhund seines Vaters hinter dem Familienhaus in Kroisegg.

Hans Peter Doskozil mit vier Jahren im Sonntagsgewand.

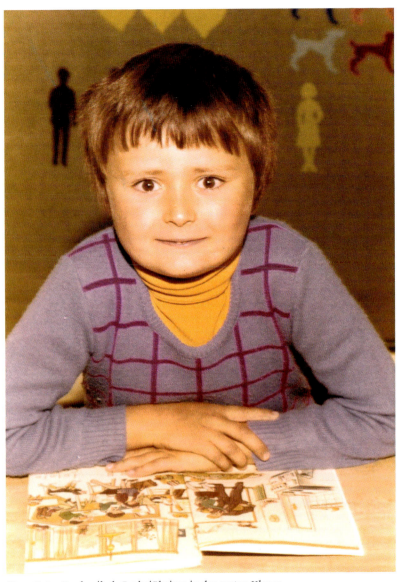

Hans Peter Doskozil als Sechsjähriger in der ersten Klasse der Volksschule in Kroisegg.

Pressekonferenz am 4. September 2015 in Eisenstadt: Landespolizeidirektor Hans Peter Doskozil informiert über die Ermittlungen zu den 71 toten Flüchtlingen im Schlepper-Lkw.

Am Höhepunkt der Flüchtlingskrise: Burgenlands Landespolizeidirektor Hans Peter Doskozil (in blauer Uniform) zeigt am 21. September 2015 Landeshauptmann Hans Niessl (Mitte) und Landesrat Norbert Darabos (rechts) die Grenzstation in Nickelsdorf, wo täglich Tausende Flüchtlinge ankommen.

Landespolizeidirektion Burgenland: Hans Peter Doskozil unterweist Bundesheersoldaten für ihren Assistenzeinsatz während der Flüchtlingskrise entlang der burgenländisch-ungarischen Grenze.

Grenzübergang Nickelsdorf, 14. September 2015: Landespolizeidirektor Hans Peter Doskozil ist ein gefragter Interviewpartner in der Flüchtlingskrise. Er kommentiert live das Geschehen im deutschen Fernsehsender ARD.

Grenzübergang Nickelsdorf, 6. September 2015: Zwei Tage nach dem Flüchtlingsansturm am Grenzübergang in Nickelsdorf gibt Landespolizeidirektor Hans Peter Doskozil gemeinsam mit Vertretern des Roten Kreuzes eine Pressekonferenz über die Flüchtlingssituation.

Zwei Burgenländer am Kaffeehaustisch: Landespolizeidirektor Hans Peter Doskozil tauscht sich mit seinem engen Freund Kurt Kuch, Aufdecker-Journalist im österreichischen Wochenmagazin »News«, aus. Das Foto, das privat am Handy aufgenommen wurde, steht auf dem Schreibtisch von Verteidigungsminister Doskozil.

Landespolizeidirektor Hans Peter Doskozil im Gespräch mit Burgenlands Landeshauptmann Hans Niessl (SPÖ).

Verteidigungsminister Hans Peter Doskozil besucht die österreichische Truppe bei ihrem UN-Einsatz im Südlibanon.

Flüchtlingslager in der Bekaa-Ebene im Libanon: Bundesminister Hans Peter Doskozil macht sich mit Vertretern des UNHCR persönlich ein Bild über die Situation von syrischen Kriegsflüchtlingen.

Berlin, 12. April 2016: Verteidigungsminister Hans Peter Doskozil bei einem Arbeitsbesuch bei Verteidigungsministerin Ursula von der Leyen (CDU).

Bundesminister Hans Peter Doskozil im Flüchtlingslager Shistos bei Athen am 6. April 2016.

Freude an der Heeresspitze: Verteidigungsminister Hans Peter Doskozil berichtet den Kommandanten, dass die Budgetverhandlungen mit Finanzminister Hans Jörg Schelling (ÖVP) positiv verlaufen sind. Das Bundesheer bekommt bis 2020 insgesamt 1,3 Milliarden Euro mehr Geld.

Girls Day 28. April 2016: Bundesminister Hans Peter Doskozil mit an einem Job beim Bundesheer interessierten Schülerinnen und Soldatinnen in der Maria-Theresia-Kaserne in Wien. Die Anhebung des Frauenanteils beim Heer ist dem Minister ein großes Anliegen.

Brüssel, Hauptquartier der NATO, 1. Juni 2016: Hans Peter Doskozil ist der erste österreichische Verteidigungsminister, der von NATO-Generalsekretär Jens Stoltenberg empfangen wird.

Bundesminister Hans Peter Doskozil trifft am 13. Juni 2016 Federica Mogherini, die Hohe Vertreterin der EU für die Außen- und Sicherheitspolitik.

Verteidigungsminister Hans Peter Doskozil im Londoner Regierungsviertel nach einem Arbeitsgespräch im britischen Verteidigungsministerium. Doskozil nahm am 7. September 2016 in London bei einer Sicherheitskonferenz teil.

Truppenbesuch von Verteidigungsminister Hans Peter Doskozil am 16. September 2016 im Kosovo: Im Rahmen des NATO-geführten Einsatzes KFOR stellt Österreich das größte Kontingent eines Landes, das nicht Mitglied der NATO ist.

Theresianische Militärakademie, Wiener Neustadt: Verteidigungsminister Hans Peter Doskozil gratuliert Fähnrich Evelyn Meyer zur Sponsion.

Israel-Besuch am 15. November 2016: Bundesminister Hans Peter Doskozil wird vom Präsidenten der Israelitischen Kultusgemeinde, Oskar Deutsch, begleitet. Hier an der Klagemauer in Jerusalem.

Bei seiner Israel-Visite besucht Bundesminister Hans Peter Doskozil am 15. November 2016 die Holocaust-Gedenkstätte Yad Vashem in Jerusalem.

Verteidigungsminister Hans Peter Doskozil besucht kurz vor Weihnachten 2016 mit Vertretern von Volkshilfe und Arbeitersamariter-Bund ein Flüchtlingslager in Jordanien. Ein Transport von Kinderbekleidung für syrische Kriegsflüchtlinge wird übergeben.

Schachendorf, Burgenland: Verteidigungsminister Hans Peter Doskozil überbringt am 15. April 2017 persönlich die Osterwünsche den Soldaten im Assistenzeinsatz.

Verlangen eine gemeinsame EU-Flüchtlingspolitik: Bundeskanzler Christian Kern und Verteidigungsminister Hans Peter Doskozil.

Kooperieren in Fragen der inneren Sicherheit: Verteidigungsminister Hans Peter Doskozil und Innenminister Wolfgang Sobotka (ÖVP).

Rapid-Fan Hans Peter Doskozil bekommt zum Geburtstag am 21. Juni 2017 ein Rapid-Shirt von seinen Mitarbeitern geschenkt.

IX.

Interviews

Bernhard Heinzlmaier: »Doskozil ist ein nicht-elitärer Volkspolitiker«

Der Sozialwissenschaftler und Kommunikationsexperte Bernhard Heinzlmaier beobachtet und analysiert österreichische Politiker seit vielen Jahren[78], auch Verteidigungsminister Hans Peter Doskozil. Sein Wirken und seine Erscheinung fasst er mit einem Satz zusammen: »Doskozil ist kein Dandy« und »kein Marketing-Minister«. »Es geht ihm um die Sache.«

Herr Heinzlmaier, Hans Peter Doskozil übernimmt Anfang 2016 das Amt des Verteidigungsministers. Innerhalb eines kurzen Zeitraumes wird er in Österreich bekannt und durchaus beliebt, wie zahlreiche Umfragen zeigen. Worauf führen Sie das zurück?
Bernhard Heinzlmaier: Doskozil ist ein nicht-elitärer Volkspolitiker. Er ist einer der wenigen der Koalitionsregierung, der anschlussfähig an die Bevölkerung und an die Bevölkerungsnormalität ist. Er steht mit beiden Beinen am Boden, er gehört dazu. Das Wichtigste ist, die Leute haben über ihn den Eindruck, dass er einer von ihnen ist, aus der gesellschaftlichen Mitte kommt. Das symbolisiert Hans Peter Doskozil –und eben nicht diese abgehobene Elitenkultur, die sich unter anderem ausdrückt in modischen Accessoires.

Wenn man Doskozil beobachtet und zuhört, fällt auf, dass er keine oder kaum Worthülsen verwendet, das politische framing *ist ihm fremd. In Gesprächen und Stellungnahmen wirkt er nachdenklich, sachlich und vorsichtig. Ist das auch Ihr Eindruck?*

Er ist völlig uneitel und somit authentisch. Das ist eine wichtige Kombination. In der neuen Kulturtheorie heißt es, dass wir keine Politiker oder Politikerinnen mehr haben, sondern nur Menschen, die die Rolle eines Politikers spielen. Es gibt auch keine Manager oder Managerinnen mehr, sondern nur Menschen, die die Rolle des Managers spielen. Das ist bei Hans Peter Doskozil nicht der Fall. Er ist tatsächlich authentisch, er ist kein Schauspieler. Er ist, wie er ist, und wie er sich präsentiert. Er lässt sich nicht modifizieren. »So hast du zu sein«, mit diesem Ansatz kommt man bei ihm nicht durch. Es geht ihm um die Sache, das ist der entscheidende Punkt. Er ist ein Mensch, dem es um die Sache geht, und der nicht seine Persönlichkeit in den Vordergrund schiebt. Er ist keine Kunstfigur, die geliebt werden möchte. Er will für das, was er tut, und was er leistet, anerkannt werden. Das ist das Wesentliche bei ihm. Das kommt bei den Leuten auf der rationalen Ebene, aber durchaus auch auf der emotionalen Ebene an. Das fühlen die Menschen, das strahlt Doskozil aus. In gewisser Weise ist das seine Aura.

Hat er Charisma?

Ich finde schon. Er hat das Charisma eines Politikers, dem man nahe kommen und mit dem man auf einer Ebene kommunizieren kann. Doskozil wirkt nicht übertrainiert.

Sie sagen, die Sache ist ihm wichtig. Seine Sache ist die Sicherheit. Was bringt Doskozil der Fokus auf den Inhalt »Sicherheit« in all seinen Formen? Ist das ein politischer Mehrwert?

Vom gesellschaftlichen Hintergrund betrachtet, vor dem sich Politik abspielt, ist Sicherheit das zentrale Thema der Menschen. Zwei Drittel der Österreicher sagen in Umfragen, dass sie in ihrem Leben nach Halt suchen, 75 Prozent sind es in der Gruppe der unter 30-Jährigen. Wir haben es mit einer Bevölkerung zu tun, die Angst hat, die Kontrolle über die eigene Biografie, über das eigene Leben zu verlieren, und die sich in hohem Ausmaß entfremdet und nicht mehr selbstbestimmt fühlt. Gerade die unteren sozialen Schichten nehmen sich als Opfer der Globalisierung wahr. Dabei geht es auch um die Diskussion über Grenzen: Brauchen wir Grenzen? Was ist Entgrenzung? Wer profitiert von Grenzziehungen? Das sind die ganz großen Themen, und diese Themen repräsentiert Hans Peter Doskozil. Er ist der Sicherheitsminister. Er ist gut beraten, dass er sich so sieht und als Sicherheitsminister positioniert und präsentiert.

Was vermittelt er als Sicherheitsminister?

Dass er sagt, Grenzen haben auch einen Sinn. Man kann natürlich auch den Entgrenzungs-Utopismus vertreten und sagen, man solle keine Mauern bauen. Alle Prozesse müssen unbegrenzt, unkontrolliert und unreguliert verlaufen. Aber das ist eine utopische Vision, von dem eine Elite, das obere Gesellschaftsdrittel, profitiert. Doskozil ist der Schutzpatron – pathetisch formuliert – der Mittelschichten, der prekären Mitte und der entkoppelten Unterschichten, die Sicherheit brauchen, und psychologisch eine Vaterfigur suchen, der man sich anvertrauen kann und die Stabilität schafft und Verantwortung übernimmt. Sein Beruf als Uniformträger hat etwas damit zu tun. Er signalisiert dadurch gesellschaftliche Verantwortung im Sinne der Sicherheit. Das wird in Zeiten der Unsicherheiten und der vielfältigen Bedrohungsszenarien, denen die Gesellschaft heute ausgesetzt ist, gut angenommen.

Birgt das Eintreten für Sicherheit nicht auch die Gefahr in sich, als autoritär und Law & Order-Politiker wahrgenommen zu werden?

Das ist eine Frage der Dosierung. Doskozil hat keine autoritären Züge, dazu ist er viel zu selbstlos und unterstützend. Selbstlosigkeit und Sachdienlichkeit zeichnen seine Persönlichkeit aus.

Macht das Anliegen zu dienen einen guten Politiker aus?
Das ist sein Charakter. Er ordnet seine Persönlichkeit einer Sache, einem höheren Gut, unter. Der Inhalt steht im Vordergrund.

Repräsentiert Doskozil einen Politikertyp, der Zukunft hat?
Auf jeden Fall. Das kann man kulturtheoretisch begründen: Wir leben in einer performativen Ökonomie, das heißt, in einer Selbstdarstellungsgesellschaft. Die Verkaufsebene zählt mehr als die Sachebene. Der deutsche Soziologe Sighard Neckel sagt[79]: Der Tauschwert ist wichtiger als der Gebrauchswert. Der Zeichenwert ist wichtiger als der Zeicheninhalt. Der Leistungsverkauf steht also über der Leistung selbst. Das ist der Zeitgeist. Genau diesen Mechanismus konterkariert Doskozil. Das ist aber das Entscheidendste: Er verkauft nichts, er erbringt tatsächlich eine Leistung. Das Verkaufen ist zweitrangig. Das ist der Politikertypus der Zukunft, weil diese Marketing-Politik bei den Menschen immer mehr auf Ablehnung stößt. Der Politikertypus, der nicht über die systemischen Auswirkungen seiner Politik diskutiert, ist leer und wird entzaubert.

Wo würden Sie Doskozil verorten: Links, rechts, in der Mitte?
Er positioniert sich postideologisch. Aufgrund seiner großen Sachlichkeit sprechen die Dinge, die Handlungen, die er setzt, für sich. Sicherheit ist bei ihm konkret, wenn er sagt: »Ich möchte die illegale Zuwanderung begrenzen, deswegen mache ich das oder jenes.« Sachlichkeit ist immer jenseits des alten Links-Rechts-Schemas angesiedelt.

Wie hat es Doskozil als Verteidigungsminister innerhalb kürzester Zeit geschafft, das Image des Bundesheeres und der Truppe in der Öffentlichkeit deutlich wahrnehmbar zu verbessern? Sind das seine Führungsqualitäten?
Die Leute merken, dass er etwas von der Sache versteht und mit dieser Sache auch emotional verbunden ist. Sein Vor-Vorgänger Norbert Darabos war Zivildiener. Es ist schon

ein bestimmtes Risiko, einen Zivildiener dem Bundesheer vorzusetzen. Und das Risiko hat sich nicht gelohnt. Doskozil ist im Bundesheer kein Fremdkörper. Er passt in diese Kultur, er ist Uniformträger, er kann von dieser Kultur absorbiert werden. Das schafft eine gute Stimmung im Haus, und das vermittelt die Institution nach außen hin. Deswegen wird das Bundesheer heute in der Öffentlichkeit anders beurteilt als in den Jahren zuvor. Man hört nichts mehr von internen Problemen oder Verwerfungen in der Struktur. Das Bundesheer erscheint als eine homogene Organisation, an der zwar einiges verändert wird und intern von den Leuten auch mitgetragen wird. Doskozil ist ein guter Kommunikator. Er kann nach außen repräsentieren, was im Inneren vor sich geht. Ich würde sagen, er ist als Verteidigungsminister eine optimale Besetzung.

In einem Gastkommentar im profil[80] stellen Sie fest: »Die Mitte des Landes sucht kein unternehmerisches Abenteuer, keine kreative Inspiration und keine neuen Chancen und Herausforderungen, sondern soziale Sicherheit und kulturelle Stabilität in einer fürsorglichen Heimat. Österreich als Schutzraum ist der prekären Mitte und den entkoppelten Unterschichten wichtiger als ein zerstrittenes und unsicheres Europa. Die Heimat ist Österreich, nicht der Kontinent.« Verkörpert Doskozil diesen Ansatz? Ist das sein Profil?

Er verkörpert Stabilität und auch Tradition, er ist für die traditionellen Leute anschlussfähig. Er ist kein Vertreter einer Silicon Valley-Kultur, sondern einer österreichischen Traditionskultur, er verkörpert den österreichischen Charakter. Er repräsentiert Sicherheit und Heimat. Weil er aus dieser Kultur kommt und in dieser Kultur verwurzelt ist, wird er als solcher erkannt und anerkannt. Das erhöht seine Glaubwürdigkeit ungemein. Er repräsentiert die Kultur der österreichischen Mitte. Das bringt ihm auch eine breite Unterstützung.

Wofür steht Doskozil in der SPÖ?

Er repräsentiert jenen Teil der Partei, der stärker auf die Menschen abzielt, die unterhalb des durchschnittlichen Einkommens leben, und die auf der Suche nach Respekt und Resonanz sind und gleichzeitig sozialen Schutz suchen. Er steht auf der Seite des Durchschnittsmenschen.

Doskozil vermittelt den Eindruck, genau zu wissen, was er will, danach orientiert er sich. Er sagt, Politiker müssen antizipativ Probleme erkennen und dafür rasch Lösungen anbieten. Ist das der richtige Weg?

Er bedient sich nicht der oberflächlichen Symbolik. Er verkehrt den Satz von Oscar Wilde »In wichtigen Dingen kommt es nicht auf den Ernst, sondern auf den Stil an« in sein Gegenteil[81]. Er sieht das völlig anders, denn Doskozil ist kein Dandy. Und er ist kein Spieler mit Formen, Symbolen und Zeichen. Deswegen unterschätzt man Doskozil. Das ist aber ein schwerer Fehler.

Viele europäische und nationale Fragen sind nicht gelöst: Migration, soziale Gerechtigkeit, die Einkommensschere geht immer weiter auseinander, die Globalisierung macht Angst, auch die Integration von Flüchtlingen geht nicht voran. Was sind gegenwärtig die Herausforderungen an einen sozialdemokratischen Politiker in Österreich?

Um diese Frage zu beantworten, kann man bei Kreisky anknüpfen. Kreisky hat eine große Integrationsleistung vollbracht. Er hat gleichzeitig die gesellschaftliche Mitte, die Arbeiterschaft, und die Intellektuellen, die Kulturtreibenden, angesprochen. »Leistung soll sich wieder lohnen« war auch ein wichtiger Satz von Kreisky. Aufgabe der Sozialdemokratie heute ist es, eine Verbindung zwischen dem urbanen, liberalen Bürgertum mit der anpassungsfähigen, pragmatischen Mitte auf der einen Seite und den von der Entkoppelung bedrohten unteren Sozialschichten auf der anderen Seite herzustellen. Das ist die große Aufgabe. Das heißt, es geht um eine liberale Politik, die »denen da oben« viele Freiräume, die sie verlangen, gibt. Und es braucht eine Sicherheitspolitik für »die da unten«, die eine optimale Grundlagensicherheit für das Leben herstellt. Man muss Menschen in den unteren sozialen Schichten von ihren Abstiegsängsten befreien. Und »denen da oben« muss man ihre Ängste nehmen, dass sie in ihrer Individualität eingeschränkt werden.

Eines vergisst die linke Bewegung sehr gerne: Das moderne Bürgertum im Sinne der *citoyens* hat die politischen Freiheiten geschaffen, die die Grundlage dafür waren, dass die Arbeiterbewegung um die soziale Gleichheit kämpfen konnte. Ohne politische Freiheit gibt es keinen Kampf um soziale Gleichheit.

Der deutsche Soziologe Oliver Nachtwey[82] nennt unsere Gesellschaft Abstiegsgesellschaft? Kann man dagegen etwas tun?

Unsere Gesellschaft ist geprägt von der Rolltreppen-Metapher: Die Menschen laufen gegen eine fahrende Rolltreppe nach oben, damit sie ihre Position halten können. Wenn man stehen bleibt, steigt man ab. Welche politischen Lösungen gibt es für diese Entwicklungen? Es gibt heute eine Dominanz der regressiven Lösungen, man will vor den Sozialstaat zurückgehen. Man will die Lasten, die die Regulierung der Märkte hervorbringt, direkt den Einzelnen aufbürden. Es gibt eine Vorherrschaft der neoliberalen Ideologie. Viele beklagen, dass es keine Gegenentwürfe gibt. Meiner Meinung nach wäre eine Lösung der vom österreichischen Publizisten Robert Misik in einem Aufsatz formulierte »progressive Protektionismus«. Für Menschen, die unterhalb des Einkommensmedians leben, braucht es Schutz und Protektionismus, eine Grundsicherung, die den Absturz ins Nichts verhindert. Es geht um die Frage, wie liberales ökonomisches Denken mit der Verantwortlichkeit für die Leute, die davon negativ betroffen sind und sein könnten, verbunden wird. Das ist für mich Sozialdemokratie.

Soziale Gerechtigkeit und Verteilungsgerechtigkeit hat nicht nur eine moralische Komponente, sondern auch eine ökonomische, rationale Funktionalität. Das muss die Sozialdemokratie stärker vertreten. Man muss über Schröder, Blair und Macron hinaus denken. Doskozil ist dafür geeignet, weil er die Schutzfunktion verkörpert.

Handelt Doskozil populistisch?

Populistisch ist ein pejoratives, ein abwertendes Disziplinierungsvokabel. Wenn Doskozil zur Grenze fährt und sich um Kontrollen kümmert, ist er nicht populistisch. Populistisch ist keiner, der ein Konzept hat und versucht, es zu verkaufen. Doskozil ist nicht populistisch, weil er kein Marketing-Minister ist. Wenn sich einer so wenig um den Verkauf von sich selbst bemüht wie Doskozil, kann er nicht populistisch sein.

Sollte Hans Peter Doskozil in der Politik bleiben? Was würden Sie ihm raten?

Als Nachfolger von Landeshauptmann Hans Niessl ins Burgenland zu gehen, wäre ein angenehmes Leben. Dort würde er die nächsten 20 Jahre thronen und ein guter Landeshauptmann sein. Ich wünsche ihm das aber nicht. Ich würde mir wünschen, dass er nach der Wahl eine Funktion hat. Sollte Christian Kern nicht mehr Parteivorsitzender der SPÖ sein wollen, dann wäre Hans Peter Doskozil der ideale Parteivorsitzende. Er soll am besten Verteidigungsminister bleiben und auf keinen Fall die Bundesebene verlassen.

Peter Pilz: »Doskozil ist ein teils guter und teils weniger guter Vertedigungsminister«

*»Wir haben einen großen Konflikt« –
»aber er ist ein hoch seriöser Mensch
und ein exzellenter Polizist«*

Der Konflikt zwischen dem langjährigen Grün-Politiker und Verteidigungsminister Hans Peter Doskozil besteht darin, dass er dem Minister vorwirft, dem Bundesheer zusätzlich Polizeiaufgaben zu übertragen. »Er will aus dem Bundesheer eine schwere Polizei machen«, sagt Pilz. In Fragen der Korruptionsbekämpfung kooperiert der langjährige Sicherheitssprecher der Grünen »exzellent« mit dem Verteidigungsminister.

Peter Pilz ist bekannt als Aufdecker und Kämpfer gegen Korruption; er verfügt über ausgezeichnete Kontakte zum Bundesheer, zur Polizei und zu den Sicherheitsdiensten des Landes, und er war langjähriger Sicherheitssprecher der Grünen im Nationalrat. Er blickt auf 31 Jahre Abgeordneten-Tätigkeit für die Öko-Partei zurück. Ende Juni 2017 wird er überraschend abgewählt und kandidiert nicht mehr für die Grünen.[83] Bei der Nationalratswahl im Oktober 2017 tritt er mit einer eigenen Liste an.

Herr Pilz, Sie haben ein differenziertes Verhältnis zu Verteidigungsminister Hans Peter Doskozil: Sie kritisieren ihn, weil er zum Beispiel Soldaten zum Schutz der EU-Außengrenze einsetzt. Sie stehen aber auf seiner Seite, wenn es um die Untersuchung des Ankaufes der Eurofighter Kampfjets geht. Wie sehen Sie Ihr Verhältnis zum Verteidigungsminister?

Peter Pilz: Ich habe grundsätzlich ein sehr positives Verhältnis zu ihm, sogar ein fast freundschaftliches. Er gehört zu jenen Politikern, wie zum Beispiel auch SPÖ-Sicherheitssprecher Otto Pendl, die ich persönliche sehr schätze und mit denen ich eine absolute Vertrauensbasis habe. Hans Peter Doskozil vertritt in seiner Politik ein paar Positionen, die sich völlig von meinen unterscheiden. So etwas kommt vor in der Welt, ich erwarte nicht von Leuten, denen ich vertraue, und mit denen ich eng zusammenarbeite, dass sie alle meine Ansichten teilen. Sonst dürfte ich nur mehr Selbstgespräche führen.

In welchen Positionen gibt es Unterschiede?

Wir unterscheiden uns, was bestimmte Grundrechte und die absolute Treue zum Verfassungsstaat angeht. Das ist nicht nur bei der Frage Flüchtlinge und Asyl der Fall, sondern betrifft auch die Kompetenzen des Bundesheeres in Friedenszeiten: Es handelt sich dabei um die Übernahme von Polizeiaufgaben durch das Militär. Da gibt es bei Hans Peter Doskozil Unschärfen und Ungenauigkeiten.

Um welche Unschärfen und Ungenauigkeiten handelt es sich konkret?

Hans Peter Doskozil macht den Einsatz des Heeres in Friedenszeiten zu einer Aufgabe der inneren Sicherheit. Die Beteuerung, damit sehr behutsam umzugehen, kenne ich schon von einer Legion von ÖVP-Innenministern, die ein Grundrecht nach dem anderen geschmälert haben und gesagt haben, ›das ist ja ganz anders gemeint‹. Man muss sich immer vorstellen, dass die Vollmachten, die Doskozil für das Militär und ÖVP-Innenminister Wolfgang Sobotka für die Polizei will, einmal in den Händen eines freiheitlichen Verteidigungs- und Innenministers liegen könnten. Für solche Situationen muss man vorbauen. Doskozil ist ein exzellenter Polizist. Er versucht ja nicht nur das Bundesheer zu reformieren, sondern er versucht in weiten Bereichen aus dem Bundesheer eine schwere Polizei zu machen. Das ist aber nicht die Aufgabe des Militärs. Er wäre ein exzellenter Innenminister. Und so ist er aus meiner Sicht ein teils guter und teils weniger guter Verteidigungsminister.

In welchen Bereichen überschreitet er Ihrer Meinung nach die Kompetenzen des Bundesheeres?

Wenn es sich um kurzfristige Assistenzeinsätze für das Innenministerium handelt, gibt es verfassungsmäßig kein Problem. Wenn es aber darum geht, diese als neue eigenständige Aufgabe des Heeres zu definieren – wie etwa den Schutz der EU-Außengrenze – dann ist das die Übergabe von polizeilichen Aufgaben an das Bundesheer.

Er definiert die Aufgaben des Bundesheeres neu?

Seine Situation als Verteidigungsminister ist ja seltsam: Früher hat sich das Bundesheer über die militärische Landesverteidigung definiert. Kein vernünftiger Mensch glaubt mehr, dass Österreich heute noch eine klassische militärische Landesverteidigung braucht. Denn unsere Sicherheit ist die EU, und nicht unsere eigene militärische Landesverteidigung. Kein EU-Staat würde zulassen, dass Österreich von einem Nicht-EU-Staat militärisch angegriffen wird. Seinerseits hat die Bundesheer-Reformkommission darüber nachgedacht, was die neuen militärischen Aufgaben des Heeres sein könnten. In dieser Kommission war ich Mitglied des Präsidiums. Die Bundesheer-Reformkommission sah als neue Aufgabe internationale Friedenseinsätze an, die mit ausreichenden Mandaten, insbesondere UN-Mandaten, ausgestattet sind.

Österreich ist sehr aktiv bei Friedenseinsätzen. Österreich gehört zu den größten Truppenstellern am Balkan. Das wird von der EU und auch von der NATO sehr anerkannt.

Und jetzt passiert aber etwas ganz Neues: Österreich wird aus diesen Mandaten durch die Türkei hinausgedrängt werden und wahrscheinlich nicht mehr lange im NATO-Programm »Partnership for Peace« sein. Das ist eine absehbare Geschichte. Dann wird Österreich aus dem »Partnership for Peace« austreten. Österreich wird dann nur mehr bei wenigen Einsätzen mitmachen können, weil ein Großteil der Mandate von der NATO durchgeführt werden. Was bleibt dann übrig?

Für den Fall, dass dieses Szenario eintritt: Was wird dann aus den internationalen Einsätzen?

Es müssen neue Aufgaben gefunden werden. Aber das Bundesheer kann sicher nicht Aufgaben der Polizei übernehmen. Der Zugang von Hans Peter Doskozil ist jedoch jener: Wenn er zu viele Soldaten und zu wenig Polizisten hat, übernimmt das Bundesheer polizeiliche Aufgaben. Ich sage, sein Zugang ist falsch. Da haben wir einen großen Konflikt. Den tragen wir in größtmöglicher Höflichkeit und Sachlichkeit aus. Der Konflikt ist auch kein Grund, sich gegenseitig zu beleidigen. Ich versuche ihm klar zu machen, warum mir das so wichtig ist. Das ist mir aber noch nicht ausreichend gelungen.

Mir sind wichtiger die sehr, sehr großen Felder, in denen wir exzellent kooperieren. Und die haben damit zu tun, dass er ein wirklich guter Polizist ist. Resultierend aus einer persönlichen Freundschaftskultur mit Leuten, wie dem ehemaligen Aufdecker-Journalisten Kurt Kuch[84], sieht Hans Peter Doskozil vieles in der Welt der Korruption ähnlich wie Kurt Kuch. Das ist eine tiefe persönliche Geschichte. Und außerdem ist Doskozil ein grundanständiger und hoch seriöser Mensch.

Wie haben Sie Hans Peter Doskozil näher kennengelernt?

Wir haben uns bei seinem ersten Auftritt als Verteidigungsminister im Landesverteidigungsausschuss kennengelernt und spontan gesagt, dass wir noch was trinken gehen in ein Lokal hinter dem Parlament. Ich habe ihm dabei gesagt, dass es für mich einen Maßstab für einen Verteidigungsminister gibt: Und das ist der Umgang mit dem Eurofighter. Wir haben darüber geredet, und er hat betont, er könne sich sehr gut vorstellen, den Ankauf noch einmal überprüfen zu lassen. Nach kurzer Zeit war klar, dass die erste Überprüfung ergeben hat, dass die Sache unfassbar stinkt. Er hat die Task Force Eurofighter im Verteidigungsministerium wiederbelebt, und den Beamten, dem Leiter der Revision und etlichen anderen, grünes Licht gegeben. Ich habe seinen Beamten

Kisten voll Material zur Verfügung gestellt, dann haben seine Beamten und internationale Experten sowie Anwälte die exzellent fundierte Anzeige erarbeitet.

Wie würden Sie die Zusammenarbeit mit Doskozil in der Eurofighter-Untersuchung bewerten?

Hans Peter Doskozil weiß, dass er sich auf mich verlassen kann – und ich mich umgekehrt auf ihn. Dieses 100-prozentige persönliche Vertrauen ist ja die Grundlage erfolgreicher politischer Kooperation zwischen zwei unterschiedlichen Menschen. Deswegen klappt das so gut. Ich arbeite wirklich gerne mit ihm zusammen. Ich könnte niemals mit jemandem wie Sebastian Kurz vertrauensvoll zusammenarbeiten, ich würde es nicht einmal versuchen, weil ich Kurz für vollkommen charakterlos halte. Ich würde das jederzeit mit Hans Peter Doskozil wieder machen, weil er einen wirklich starken und guten Charakter hat.

Sie betonen die Herkunft Doskozils aus der burgenländischen SPÖ-Kultur. Was heißt das? Was ist er in Ihren Augen für ein Sozialdemokrat?

Er ist ein sozialdemokratischer Polizist. Das heißt, das Sozialdemokratische an ihm ist, dass er versteht, was so genannte »kleine Leute« sind und welche Sorgen sie haben. Als Polizist weiß er, wie wichtig der Kampf gegen Kriminalität und für die öffentliche Sicherheit ist.

Sie bezeichneten ihn einmal als »Parteisoldaten« und »rechten Politiker«?

Inzwischen ist er kein Parteisoldat, weil er eine durchaus eigenständige Rolle in der SPÖ spielt. Ich glaube inzwischen nicht mehr, dass man Hans Peter Doskozil einfach Befehle geben kann. Das stimmt sicher nicht. Ich würde ihn heute nicht mehr als Parteisoldaten bezeichnen. Politisch gehört er eher zu den Rechten in der Partei. Das ist aber kein Tadel. Weil die so genannten Rechten in der SPÖ Handschlagsqualität haben und die so genannten Linken in der Partei oft wackeln wie ein Pudding.

Hans Peter Doskozil hat dem Bundesheer neuen Auftrieb gegeben. Wie bewerten Sie seine Reformen?

Die wirklich großen Reformen anzupacken, das hat er noch nicht wirklich gewagt. Man müsste jetzt die Wehrpflicht-Reform bewerten: Hat sie sich bewährt, oder nicht? Eine seriöse Bewertung würde auf jeden Fall ergeben, dass es nötig wäre, das System der Wehrpflicht abzuschaffen.

Und zum Berufsheer überzugehen?

Ja.

Andere Länder gehen gerade weg vom Berufsheer.

Andere Länder haben große Heere mit großen traditionellen militärischen Aufgaben. Österreich braucht das nicht. Österreich braucht im Kern etwas ganz anderes: Wir brauchen einen neuen Sicherheitsberuf, der eine gemeinsame Ausbildung von Militär und Polizei vorsieht. Dann braucht es eine kurze militärische Laufbahn von etwa zehn Jahren mit dem Schwerpunkt Auslandseinsätze. Danach muss es für Berufssoldaten eine möglichst gute Übernahme in den polizeilichen Dienst geben. Und nur die Spezialisten in den Kommanden, in der Einsatzplanung, in der Aufklärung, im Transport und der Logistik, speziell die Experten in der Luftfahrt, müssen klassische Berufssoldaten bleiben. Damit könnte Österreich in der Sicherheitspolitik das radikalste und spannendste Reformprojekt der Welt angehen. Wir müssen die polizeiliche und militärische Sicherheit gemeinsam denken in der Ausbildung und in der beruflichen Perspektive – trotz der wichtigen strikten Trennung von Polizei und Militär in der Verfassung.

Das ist wohl eine Zukunftsvision. Was sollte pragmatisch an Reformen im Bundesheer rasch durchgesetzt werden?

Nicht mehr benötigte Ressourcen müssen stillgelegt werden. Das sind alle schwer gepanzerten Einheiten und die gesamte Artillerie. In diese Richtung sind Schritte gemacht worden, aber es ist noch nicht klar, ob es zu einer radikalen Lösung kommt. Das heißt, es geht um den Totalumbau eines Militärs, wo Hans Peter Doskozil erste Schritte in die richtige Richtung macht, aber er ist noch weit weg von einem geschlossenen großen Reformkonzept. Ob das noch kommt, weiß ich nicht. Und dann geht es um die radikale Reform der Nachrichtendienste, die extrem wichtig sind, in der jetzigen Form aber nicht funktionieren. Sie sind in einem schrecklichen Zustand. Einzelne Bereiche des Heeresnachrichtenamtes funktionieren. Das Abwehramt muss völlig neu aufgestellt werden. Der polizeiliche Verfassungsschutz ist zum Teil in einem jämmerlichen Zustand.

Braucht Österreich eine Luftraumüberwachung?

Die EU sollte beginnen, eine gemeinsame Luftraumüberwachung aufzusetzen. Die Luftraumüberwachung gehört europäisiert. Das wäre der Einstieg in ein europäisches Sicherheitssystem.

Sollte Österreich der NATO beitreten?

Ich bin absolut dagegen. Die NATO ist ein Auslaufmodell. Sie ist ein militärisches Bündnis, das immer stärker unter den Einfluss von Saudi-Arabien und der Türkei und ähnlichen problematischen Staaten gerät. Die diktieren immer mehr den Kurs der NATO. Saudi-Arabien ist nicht NATO-Mitglied, wird aber als Partner der NATO immer wichtiger und diktiert die Bedingungen. Und die NATO akzeptiert das. Die Allianz ist politisch unglaublich hohl und schwach. Und sie wird immer mehr von einem Bündnis nordatlantischer Demokratien zu einem Verein, in dem Despoten des Nahen Ostens den Ton angeben. Die NATO unterstützt die Türkei in ihrem Vorgehen gegen Österreich.

Was ist für Sie der zentrale Punkt bei den Eurofighter-Untersuchungen und der Klage des Verteidigungsministeriums gegen Airbus?

Es geht nicht um Korruption, sondern um Betrug, das ist ein wesentlich härteres Delikt. Die Untersuchung von Korruption ist wichtig zur Klärung der strafrechtlichen Dimension der politischen Verantwortung und ob die Entscheidungsträger bestochen worden sind. In der Auseinandersetzung mit den Konzernen, speziell mit Airbus und Eurofighter, ist das Delikt des Betruges entscheidend. Nach dem Verbandsverantwortlichkeitsgesetz werden auch die Konzerne selbst geklagt und verfolgt. Die Korruptionsgeschichte ist journalistisch völlig überbewertet und verstellt vielen Journalisten den Blick auf den Kern der Eurofighter-Affäre. Korruption aufzudecken ist natürlich extrem wichtig, aber es ist nicht entscheidend. Entscheidend ist das Betrugsverfahren der Republik gegen Airbus. Bestechungsverfahren heißt, dass die Republik gegen ihre eigenen Amtsträger vorgeht. Das haben wir noch zum Teil vor uns. Zum Teil sind diese Verfahren, wie beim ehemaligen Air Chief Erich Wolf [83], von der Staatsanwaltschaft fahrlässig schlecht geführt worden. Unsere Strafjustiz ist zahnlos. Es gibt keine Ressourcen, und die paar guten Staatsanwälte, die es gibt, sind völlig überfordert.

Curriculum vitae

Verteidigungs- und Sportminister Mag. Hans Peter Doskozil
geboren am 21. Juni 1970 in Vorau

Berufliche und politische Tätigkeiten
Seit Jänner 2016: Bundesminister für Landesverteidigung und Sport
2012–2016: Landespolizeidirektor Burgenland
2010–2012: Leiter des Büros des Landeshauptmannes des Burgenlandes Hans Niessl
2007–2012: Gemeinderat in Grafenschachen
2008–2010: Referent im Büro des Landeshauptmannes des Burgenlandes
2005–2008: Sicherheitsdirektion in Burgenland
2004–2005: Bundesministerium für Inneres, Abteilung III/1
2004: Dienst im Fremdenpolizeilichen Büro der Bundespolizeidirektion Wien
2003–2004: Sicherheitsdirektion Burgenland
1989: Eintritt als Sicherheitswachebeamter in die Bundespolizeidirektion Wien; Dienst in der Polizeiinspektion Wehrgasse in Wien

Grundwehrdienst
2. Jänner bis 30. Juni 1989: Grundwehrdienst bei der 1. Ausbildungskompanie beim Landwehrstammregiment 13 in Pinkafeld (jetzt Jägerbataillon 19)

Schulische und akademische Ausbildung
1994–2000: Studium der Rechtswissenschaft an der Universität Wien (Abschluss Mag. iur.)
1982–1988: Gymnasium Oberschützen
1980–1982: Hauptschule Pinkafeld
1976–1980: Volksschule Grafenschachen

Danksagung

Ich möchte mich bei allen herzlich bedanken, die daran beteiligt waren, dieses Buch zu realisieren:

Herrn Minister Hans Peter Doskozil für seine Bereitschaft, mir sehr offen und persönlich über sein Leben und seinen Beruf als Polizist zu erzählen und Einblick in seine Anliegen als Verteidigungsminister und »Sicherheitsminister« zu geben.

Stefan Hirsch, der als Kommunikationschef des Ministers das Buchprojekt von Anfang an engagiert begleitet hat und mir wertvolle Informationen über Inhalte und die Arbeitsweise des Ministers vermitteln konnte.

Raphael Sternfeld, der für die Vernetzung des Ministers in der europäischen Politik und Sozialdemokratie zuständig ist. Beide, Hirsch und Sternfeld, gehören zum engsten Beraterkreis von Hans Peter Doskozil, und wissen genau, wie ihr »Chef« tickt.

Johann Frank, Leiter der Direktion für Sicherheitspolitik im Verteidigungsministerium, für die fundierte Analyse der europäischen Verteidigungs- und Migrationspolitik.

Abgeordneten Peter Pilz und Sozialwissenschaftler Bernhard Heinzlmaier für ihre Einschätzungen.

Mein Dank gilt meinen Gesprächspartnern in Brüssel sowie Helmut Marban aus dem Kabinett des Verteidigungsministers. Ich bedanke mich ganz besonders bei dem Leiter des Verlages Kremayr & Scheriau, Martin Scheriau, der das Buch ermöglicht hat. Herzlichen Dank sage ich Stefanie Jaksch sowie Lektorin Renate Feikes. Sie haben äußerst professionell und hilfsbereit das Zustandekommen des Buches begleitet.

Fußnoten

1 Der außenpolitische Sprecher der FPÖ, Johannes Hübner, hat laut der Tageszeitung *Der Standard* im Juni 2016 bei einer Rede am Kongress der rechtsextremen Gesellschaft für freie Publizistik in Thüringen antisemitisch konnotierte Anspielungen fallen gelassen. Zum Schöpfer der österreichischen Verfassung, Hans Kelsen, soll Hübner im Juni 2016 gesagt haben: »eigentlich Hans Kohn, aber er hat sich Kelsen genannt«. Der Kohn-Sager gilt laut Experten als »Running Gag« unter Rechtsextremen und soll in Thüringen für Gelächter gesorgt haben. Bundeskanzler Christian Kern wurde von Hübner laut *Der Standard* als »Friedrich-Torberg-Preisträger der Israelitischen Kultusgemeinde in Wien« bezeichnet – »exzellentest vernetzt in der Logenszene«. Der umstrittene FPÖ-Abgeordnete kündigte am 25. Juli 2017 an, bei der Nationalratswahl im Oktober 2017 nicht mehr zu kandidieren. Die Vorwürfe des Antisemitismus weist Hübner aber weiterhin zurück.
2 Vgl. dazu: KURIER und Kronen Zeitung vom 22. Juli 2017
3 APA, 21. Dezember 2015
4 Bundeskanzler Christian Kern schlägt beim Truppenbesuch am 28. Juli 2017 in der Schwarzenberg-Kaserne in Salzburg vor, dass Hans Peter Doskozil nach der Nationalratswahl am 15. Oktober 2017 neue Zuständigkeiten, zum Beispiel für Migration, erhalten solle.
5 UNIQUE research, Umfrage Mitte Juni 2017, 800 Befragte.
6 Ein 19-jähriger Rekrut war seit 10. Juli 2017 Mitglied des Gardebataillons in Wien und als solches gerade zur Grundausbildung in der Radetzky-Kaserne in Horn gewesen. Nach ca. einer Stunde Marschzeit bei rund 35 Grad hatte der Grundwehrdiener über Schwindel geklagt, trotz Rettungsmaßnahmen verstarb er einige Stunden später im Spital. Staatsanwaltschaft und Bundesheer-Kommissionen arbeiten an der Aufklärung des Falles.
7 Deutsche Presse Agentur, 26. April 2017
8 Die konkrete Antwort von Helmut Schmidt auf die Frage, was ein Politiker mitbringen müsse, lautet: »Als selbstverständlich setze ich voraus: eine gewisse Intelligenz, Disziplin und Fleiß sowie ein hohes

Pflichtbewusstsein. Außerdem sollte ein Politiker einen Beruf erlernt und auch eine Zeitlang praktiziert haben. Er sollte Englisch und möglichst eine weitere Fremdsprache beherrschen, und er sollte viel reisen.« Schmidt fügt – gestützt auf den deutschen Soziologen Max Weber – hinzu, dass »ein Politiker auch Leidenschaft und Augenmaß besitzen muss« und darüber hinaus noch eine weitere Qualität mitbringen muss: »Die Fähigkeit zum Kompromiss und der Wille und die Bereitschaft zum Frieden.« Zitiert aus: Schmidt, Helmut: Was ich noch sagen wollte, Verlag C.H.Beck, München 2015, S. 190 f

9 Zitat aus einer Rede von Caspar Einem, von 1995 bis 1997 Innenminister, danach bis 2000 Bundesminister für Wissenschaft und Verkehr der Republik Österreich.

10 siehe Fußnote 9.

11 Bei der Landtagswahl am 30. Mai 2010 verfehlte die SPÖ mit 48,3 Prozent der gültigen abgegebenen Stimmen und dem Verlust eines Mandates die angestrebte absolute Stimmen- und Mandatsmehrheit. Bei der Landtagswahl 2005 hatte sie diese mit 52,2 Prozent erreicht. Mit einem Plus von 5,6 Prozent konnte die SPÖ dabei ihre 1987 verlorene absolute Stimmen- und Mandatsmehrheit wieder zurückerobern.

12 Erstaufnahmezentren befinden sich im niederösterreichischen Traiskirchen und in Thalham in Oberösterreich.

13 APA, 27. August 2015

14 Ebd.

15 APA, 28. August 2015: Die Ermittlungen in Ungarn lassen lange auf sich warten. Am 21. Juni 2017 wird der Prozess in Ungarn gegen jenes Schlepper-Netzwerk, das für den Tod von 71 Menschen in einem Kühl-Lkw an der Ostautobahn (A4) verantwortlich gewesen sein soll, in Gang gesetzt. Vier der insgesamt elf Männer afghanischer und bulgarischer Herkunft werden wegen Mordes angeklagt. Ein Urteil soll bis Ende des Jahres 2017 gefällt werden.
Neue Erkenntnisse sorgen knapp vor Prozessbeginn laut einer deutschen Rechercheplattform von NDR, WDR und Süddeutscher Zeitung (15. Juni 2017) für Aufsehen: Ungarische Ermittlungsbehörden hätten die Telefone der Drahtzieher schon Wochen vor der Todesfahrt abgehört, das Unglück hätte vermieden werden können, stellen die Journalisten der Rechercheplattform fest. Doch die Gespräche sollen von ungarischer Seite nicht rechtzeitig ausgewertet und übersetzt

worden sein. Auch bei der Todesfahrt liefen die Aufnahmegeräte der ungarischen Ermittlungsbehörden mit. In einem Telefonmitschnitt, der den deutschen Aufdecker-Medien vorliegt, beklagte sich der Fahrer über die schreienden und klopfenden Flüchtlinge. Als er ihnen Wasser geben wollte, verbot das der afghanische Drahtzieher in einem Telefonat mit seinem Komplizen. »Das geht nicht, dass er die Tür aufmacht«. Der Fahrer dürfe nicht anhalten und solle immer weiterfahren. »Falls die Leute sterben sollten, dann soll er sie in Deutschland im Wald abladen«, sagte er weiter.

16 Angela Merkel gibt am 5. September 2015 der Funke-Mediengruppe ein Interview, in dem sie erstmals den Satz prägt: »Wir schaffen das«.
17 Vgl. dazu: Die Presse, 8. September 2015
18 Ebd.
19 Am 21. Dezember 2007 werden Estland, Lettland, Litauen, Malta, Polen, Slowakei, Slowenien, Ungarn und Tschechien Schengen-Mitglieder. Die Grenzkontrollen zu diesen Staaten werden aufgehoben. Der Schengen-Raum umfasst nach der Erweiterungsrunde insgesamt 22 Mitglieder. Norwegen und Island haben einen Sonderstatus im Schengen-System. 2008 kommt es auch mit der Schweiz und Liechtenstein zu einem Schengen-Abkommen.
20 Meinungsforschungsinstitut UNIQUE research im Auftrag von profil. Zitiert nach APA, 23. Jänner 2016
21 APA, 24. November 2015
22 Ebd.
23 Gerald Klug ist von März 2013 bis Anfang 2016 Verteidigungsminister der SPÖ, danach wechselt er als Minister ins Infrastruktur- und Verkehrsministerium. Das Amt hat er bis Mai 2016 inne. Nach dem Ausscheiden ist er Abgeordneter zum Nationalrat. In die Bredouille bringt Klug ein von Innenministerin Johanna Mikl-Leitner wegen der zunehmenden Terrorgefahr durchgesetztes Investitionspaket für die Exekutive, während das Bundesheer leer ausgeht und der Ressortchef unverdrossen an Einsparungen im Militär festhält. Einsparungspläne bei der Militärmusik bringen Klug viel öffentliche Kritik ein. Zudem hat er damit auch die Landeshauptleute gegen sich. Geplante Kasernen-Schließungen in den Ländern taten da ihr Übriges.
24 Vgl. dazu: APA, 13. Jänner 2016
25 Ebd.

26 APA, 15. Jänner 2016
27 APA, 18. Jänner 2016
28 Gespräch mit A. A. am 20. Juni 2017; A. hat sich zum einjährigen freiwilligen Dienst verpflichtet und war am Golan im Auslandseinsatz, als die österreichischen Soldaten im Juni 2013 abrupt abgezogen worden sind.
29 Der Bank-Manager, Obmann der Raiffeisen-Holding NÖ-Wien, Brigadier Erwin Hameseder, wird am 9. April 2015 Milizbeauftragter des Österreichischen Bundesheeres.
30 Interview mit NATO-Generalsekretär Jens Stoltenberg, KURIER, 1. Juni 2016
31 Grundlagen-Studie von UNIQUE research, durchgeführt 8.–17. Juni 2016. Befragt wurden 1.000 Österreicher ab 16 Jahren.
32 Ebd.
33 Das Ziel der »Landesverteidigung 21.1« (LV 21.1) ist die umfassende Stärkung der Landesverteidigung für die Herausforderungen im In- und Ausland des 21. Jahrhunderts, damit das Bundesheer ein sicherheitspolitisch verlässliches Element für Österreich und ein stabiler Partner für Europa ist.
34 Der Spiegel, Nr. 28, 8. Juli 2017, S. 33
35 Der Standard, 2. Jänner 2017
36 Zahlen sind der Personalstatistik des Bundesministeriums für Landesverteidigung und Sport entnommen.
37 Das Maßnahmenpaket für die Stärkung der Miliz wird am 7. Juni 2017 von Verteidigungsminister Hans Peter Doskozil und dem Milizbeauftragten des Bundesheeres, Brigadier Erwin Hameseder, präsentiert.
38 Österreichisches Institut für internationale Politik, Austria Institut für Europa und Sicherheitspolitik, Bruno Kreisky Forum und Österreichisches Studienzentrum für Friedens- und Konfliktlösung.
39 Siehe dazu auch Interview mit Eurofighter-Aufdecker Peter Pilz im Anhang.
40 APA, 7. Juli 2017
41 Aufgabe der 26-köpfigen Kommission mit Experten der Luftstreitkräfte und des Ministeriums war es, bis Ende Juni dem Generalstab einen Bericht über die aktive Luftraumüberwachung und mögliche Alternativen zum derzeitigen System vorzulegen. Dazu hat man auch Gespräche mit Regierungen, Luftstreitkräften und Herstellern geführt.

Geprüft wurde nach militärischer Effektivität und wirtschaftlicher Effizienz, heißt es in dem Papier.
42 APA, 7. Juli 2017
43 KAPITEL 24: AUSSEN- UND SICHERHEITSPOLITIK
Es wurde folgende gemeinsame Erklärung vereinbart:
«Die Union nimmt zur Kenntnis, dass Österreich, Schweden, Finnland und Norwegen bestätigen, dass sie die mit der Union und ihrem institutionellen Rahmen verbundenen Rechte und Pflichten, d.h. den sogenannten gemeinschaftlichen Besitzstand, wie er für die gegenwärtigen Mitgliedstaaten gilt, in vollem Umfang akzeptieren.
Dies umfasst insbesondere den Inhalt, die Grundsätze und die politischen Ziele der Verträge einschließlich des Vertrags über die Europäische Union. Die Union sowie Österreich, Schweden, Finnland und Norwegen kommen überein, dass der Beitritt zur Union den inneren Zusammenhalt der Union und ihre Fähigkeit zu wirksamem Handeln in der Außen- und Sicherheitspolitik stärken sollte;
die Beitrittsländer ab ihrem Beitritt bereit und fähig sein werden, sich in vollem Umfang und aktiv an der Gemeinsamen Außen- und Sicherheitspolitik, so wie sie im Vertrag über die Europäische Union definiert ist, zu beteiligen;
1. die Beitrittsländer beim Beitritt alle Ziele des Vertrags, die Bestimmungen in Titel V und die beigefügten einschlägigen Erklärungen vollständig und vorbehaltlos übernehmen werden;
die Beitrittsländer bereit und fähig sein werden, die zum Zeitpunkt ihres Beitritts für die verschiedenen Bereiche gültige Politik der Union zu unterstützen;
2. Hinsichtlich der sich aus dem Vertrag über die Europäische Union ergebenden Verpflichtungen der Mitgliedstaaten in Bezug auf die Verwirklichung der Gemeinsamen Außen- und Sicherheitspolitik der Union wird davon ausgegangen, dass die rechtlichen Rahmenbedingungen in den beitretenden Ländern am Tag ihres Beitritts mit dem Besitzstand der Union in Einklang stehen werden.
Neutralität: Österreichs immerwährende Neutralität steht in engem Zusammenhang mit den Verhandlungen des Staatsvertrages, dessen Abschluss am 15.5.1955 letztlich durch einen Vorvertrag ermöglicht wurde, das so genannte Moskauer Memorandum, abgeschlossen von einer österreichischen Regierungsdelegation am 15.4.1955 in Moskau.

Dieses verpflichtet Österreich unter anderem «immerwährend eine Neutralität der Art zu üben, wie sie von der Schweiz gehandhabt wird». Am 26. 10. 1955 wurde das Bundesverfassungsgesetz über die Neutralität Österreichs vom Nationalrat beschlossen. Darin erklärt Österreich seine immerwährende Neutralität, verpflichtet sich, keinen militärischen Bündnissen beizutreten, sich selbst »mit allen zu Gebote stehenden Mitteln« zu verteidigen und die Errichtung militärischer Stützpunkte fremder Staaten auf seinem Gebiet nicht zuzulassen. Aufgrund von historischen und geographisch-sicherheitspolitischen Gegebenheiten entschloss sich Österreich zu einer im Vergleich zur Schweiz aktiven und dynamischen Neutralitätspolitik; Österreich wurde zum Beispiel bereits im Dezember 1955 Mitglied der UNO. Die österreichische Neutralität ist vor allem sicherheitspolitisch definiert. Weitgehende Veränderungen für die österreichische Neutralität brachte erstmals der 2. Golfkrieg 1990/91 (mit Überflugsgenehmigungen für NATO-Flugzeuge). Vor allem im Zusammenhang mit dem Beitritt Österreichs zur Europäischen Union und den Beschlüssen zur Schaffung eines europäischen Sicherheitssystems wird die Rolle der Neutralität diskutiert und relativiert.

44 Im KURIER-Interview, Ausgabe 4. Februar 2016, verlangt Hans Peter Doskozil den zivil-militärischen Schutz für die EU-Außengrenze. Wenn nötig, sollten neben Polizisten und Experten auch Soldaten herangezogen werden.

45 Die Welt, 27. Juni 2017

46 KURIER, 4. Jänner 2016

47 Gespräch am 27. Juni 2017

48 Gespräch mit Verteidigungsminister Hans Peter Doskozil am 10. August 2017

49 APA, 11. August 2017

50 Hans Peter Doskozil im KURIER-Interview, 4. Februar 2016

51 Im Flüchtlingsabkommen der EU mit der Türkei vom 18. März 2016 steht Folgendes: »Die EU und die Türkei haben heute entschieden, die irreguläre Migration aus der Türkei in die EU zu beenden.« Maßnahme Nummer eins des Abkommens ist: »Alle aus der Türkei auf die griechischen Inseln reisenden irregulären Migranten werden ab dem 20. März 2016 zurück in die Türkei gebracht.« Maßnahme Nummer zwei ist: »Für jeden zurückgebrachten Syrer wird ein anderer

Syrer aus der Türkei in die EU umgesiedelt. Die Türkei bekommt von der EU drei Milliarden Euro bis Ende 2017 für die Unterbringung von rund drei Millionen Kriegsflüchtlingen aus Syrien und dem Irak. Der Türkei wurde auch versprochen, die Summe auf sechs Milliarden aufzustocken.

52 Information des Bundesministeriums für Inneres vom 13. April 2017.
53 KURIER, 4. Februar 2016, Seite 3
54 Ebd.
55 APA, 6. Juli 2017
56 APA, 29. Juni 2017
57 Ebd.
58 Das UN-Flüchtlingshochkommissariat (UNHCR) veröffentlicht Anfang Juli die Zahl 85.000.
59 Diese Zahlen gibt das italienische Innenministerium am 3. Juli 2017 bekannt.
60 La Repubblica, 4. Juli 2017. Österreich hat in Italien zwei Anträge für die Aufnahme von insgesamt 30 unbegleiteten Minderjährigen, Familien und anderen schutzbedürftigen Personen im Rahmen des EU-Umverteilungsprogramms gestellt. Das Innenministerium in Wien hat Italien seine Bereitschaft signalisiert, insgesamt 50 Personen aufzunehmen. Dies soll in zwei Tranchen von 15 Personen und einer weiteren von 20 Flüchtlingen erfolgen. Die Prüfung der ersten elf Personen, die von Italien als Übernahme-Kandidaten im Rahmen des Relocation-Programms genannt wurden, dauerte Monate, bis Juli 2017 kam noch keine Person von Italien nach Österreich. Für eine Aufnahme kommen »Personen im Familienverband und unbegleitete Minderjährige« in Frage.
61 Vgl. dazu: Süddeutsche Zeitung, 6. Juli 2017, S. 2
62 APA, 6. Juli 2017
63 Darüber berichtet die Kronen Zeitung in ihrer Ausgabe vom 4. Juli 2017.
64 Kronen Zeitung, 4. Juli 2017
65 Hans Peter Doskozil im KURIER-Interview, 12. Juni 2017
66 Welt am Sonntag, 6. August 2017
67 Am GASIM beteiligen sich unter anderem Vertreter von Bundespolizei, Bundesamt für Migration und Flüchtlinge, Bundesnachrichtendienst und Auswärtiges Amt.

68 APA, 5. Juli 2017
69 Daten des Bundesministeriums für Inneres, Anfang August 2017.
70 APA, 6. Juli 2017
71 Bundeskanzleramt: Der Sieben-Schritte-Plan, 12. Juli 2017
72 Vgl. dazu: KURIER-Interview von Helmut Brandstätter mit Hugo Portisch, 2. Juli 2017
73 Kingsley, Patrick: Die neue Odyssee. Eine Geschichte der europäischen Flüchtlingskrise, C.H.Beck-Verlag, München 2016, S. 12
74 Vgl. dazu: Der Spiegel, Nr. 32/2017, S. 34 f.
75 Laut EU-Kommission hat Ungarn für den Zeitraum von 2007 bis 2013 seitens der Europäischen Union insgesamt 25,3 Milliarden Euro an Förderungen bekommen. Die Finanzperiode 2014 bis 2020 ist noch nicht abgerechnet. Expertenschätzungen zufolge dürften es aber einige Milliarden Euro mehr sein.
76 Am 8. März 2016 hat die Europäische Kommission eine Überarbeitung der Bestimmungen über die Entsendung von Arbeitnehmern in der EU vorgeschlagen. Die geltenden Vorschriften bleiben gültig, bis sich die Mitgliedsstaaten und das Europäische Parlament über die Überarbeitung geeinigt haben und die neuen Vorschriften in Kraft getreten sind. Die EU-Mitgliedsländer haben sich – zumindest bis zum Sommer 2017 – noch nicht darüber geeinigt.
77 siehe Fußnote 8.
78 Bernhard Heinzelmaier ist 1960 in Wien geboren. Er hat an der Universität Wien Geschichte, Germanistik, Pädagogik, Philosophie und Psychologie studiert. Der Sozialwissenschaftler, Kommunikationsexperte und Unternehmensberater ist seit vielen Jahren in der Jugendforschung tätig. Er ist Mitbegründer des Instituts für Jugendkulturforschung in Wien und sein ehrenamtlicher Vorsitzender. Er lehrt an der Universität für angewandte Kunst in Wien und an der FH Joanneum in Graz den Studiengang Soziale Arbeit. Außerdem ist er Geschäftsführer des Marktforschungsunternehmens T-Factory in Hamburg und Wien.
Das Gespräch findet am 14. Juni 2017 in seinem Büro in Wien statt.
79 Sighard Neckel ist seit 2016 Professor für Gesellschaftstheorie und Sozialer Wandel an der Universität Hamburg.
80 Profil Nr. 18, 28. April 2017, S.23

81 Oscar Wilde (1854–1900) ist ein bekannter irischer Schriftsteller, der im prüden viktorianischen Großbritannien als Skandalautor und Dandy verschrien war.
82 Der deutsche Ökonom und Soziologe Oliver Nachtwey skizziert eine polarisierte Gesellschaft, die wirtschaftlich im Abstieg und demokratisch im Aufbruch begriffen ist. Vgl. dazu: Nachtwey, Oliver: Die Abstiegsgesellschaft: Über das Aufbegehren in der regressiven Moderne, edition suhrkamp 2016.
83 Das Interview mit Peter Pilz fand am 27. Juni 2017 im Grünen-Klub in Wien statt.
Peter Pilz ist Gründungsmitglied der Grünen Partei. Von 1986 bis 1991 Abgeordner zum Nationalrat; von 1991 bis 1999 ist er Abgeordneter zum Wiener Landtag und Mitglied des Wiener Gemeinderates. Im Herbst 1999 zieht er wieder in den Nationalrat ein, dem er bis Ende der Legislaturperiode 2017 angehört. Am 25. Juni 2017 unterlag Peter Pilz beim Bundeskongress der Grünen in der Stichwahl für den 4. Platz auf der Bundesliste dem jungen Abgeordneten Julian Schmid. Daraufhin kündigte er nach 31 Jahren politischer Tätigkeit für die Grünen an, nicht mehr bei der Nationalratswahl am 15. Oktober 2017 zu kandidieren – weder für die Grünen, noch für eine andere Partei. Am 25. Juli 2017 kündigt er in einer Pressekonferenz in Wien an, dass er mit einer eigenen Liste mit dem Namen »Liste Peter Pilz« antreten werde. »Ja, es geht«, stellte er fest. Eine Parteigründung sei dies allerdings nicht, darauf legt er großen Wert.
Einen Namen hat sich Peter Pilz als Aufdecker in den Affären »Noricum« und »Lucona« gemacht. Von 2006 bis 2007 leitete er den ersten Eurofighter-Untersuchungsausschuss im Parlament. Mehr als ein Jahrzehnt arbeitet der Grün-Politiker Peter Pilz als oberster Enthüller in der Causa Eurofighter. Im Frühjahr 2017 schafft er mit der FPÖ ein zweites Aufklärungsgremium zur Untersuchung des Ankaufes der Kampfjets im Parlament zu installieren. Er gehört auch dem zweiten Eurofighter-Untersuchungsausschuss an. Nach einem Zwischenbericht des zweiten Untersuchungsausschusses, der seine Arbeit wegen der Neuwahl am 15. Oktober 2017 beendet, hofft Pilz, dass der neu gewählte Nationalrat einen dritten Untersuchungsausschuss beschließen werde.

84 Kurt Kuch war ein enger Freund von Hans Peter Doskozil. Siehe dazu Kapitel VII: Freundschaften neben der Politik
85 Anfang Juni 2007 wurde von der Staatsanwaltschaft Wien eine gerichtliche Voruntersuchung gegen Erich Wolf betreffend Verdacht auf verbotene Geschenkannahme und Amtsmissbrauch im Zuge des Eurofighter-Deals beantragt. Das Verfahren gegen Erich Wolf wurde von der Staatsanwaltschaft Wien Ende März 2011 eingestellt.